なかなか
捨てられない人のための

# 鬼《おに》速《そく》片づけ

生き方スタイリスト・
整理収納アドバイザー
吉川永里子

アスコム

「鬼速片づけ」は、
日本一てっとり早くカンタンに
部屋と心をスッキリさせます！

鬼速片づけと聞いて、
「そんなに速く片づけられる魔法の方法があるの？」
と思われた方も多いと思います。

半分正解！

**鬼速片づけは、**
**日本一速く片づけられる方法です。**

ただ、魔法の方法ではなく、
人間の心理に根ざした片づけ法なんです。

そもそもなぜ、片づけられないのか。
その理由、わかりますか？

**1つ目の理由は、「迷う」から。**

意外に気づいていない方が多いのですが、

**実は、片づけの**
**最大のポイントは**
**「迷いを捨てる」**
**ことにあるのです。**

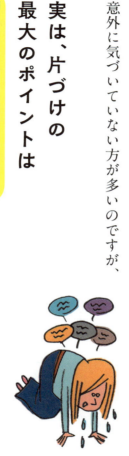

たとえばモノを捨てるとき、もし迷いがなかったとしたら、
ものの数秒で終わるでしょう。
しかしそうもいかないのは、

「もしかしたら、いつか使うかも」
「痩《や》せたら、また着れるかな」
「贈り物だから捨てにくい」
「高かったから、捨てるのもったいないし」
「またブームが来るかもしれないし……」

などなど、人間らしい感情、「迷い」が、
捨てるのを邪魔してしまうから。

## つまり、迷いを捨てる方法を知れば、
## 片づけは鬼速で終了するわけです。

人は誰でも、そんなに割り切って生きられない生きもの。
私もそうです。
たとえば、思い出のアルバムが
今の生活に必要ないからといって、
すぐに「いらない！」と捨てられる人は
少ないのではないでしょうか。
あるいは、親や友人から昔もらった手紙を、
なんの迷いもなく捨てられる人が、私はうらやましいです。

モノだけにかぎらず、一人の人の中にも好きな部分もあれば、
嫌いな部分もあります。
「好きだけど、あの口ぐせは嫌い」
「嫌いだけど、たまに優しくしてくれるときは好き」
といった具合に、白か黒かで割り切れない感情を持つのが人間。
モノだって、単純に好きか嫌いかだけで、
捨てるかどうか判断することはできません。

**鬼速片づけは、そんな人間の**
**複雑な心理に根ざした片づけメソッド。**
**無理なく「迷いを捨てる」ことができるため、**
**誰でも続けることができます。**

片づけられない理由は、もう1つあります。

## 2つ目の理由は、
## 「モノが埋もれている」から。

たとえばみなさん、部屋の納戸《なんど》や押し入れなど、
たくさんモノが入るスペースの奥に、
何が保管されているか把握《はあく》していますか？

大切なモノだからとっておいたのに、
月日を重ねるとどんどんモノが増え、
大切だったはずのモノの存在すら忘れてしまう。

たまたま何かの拍子《ひょうし》に思い出して取り出したのが、
しまってから3年後。
一瞬見たけど、なかったことにして、
また奥にしまってしまう……
次に見かけるのは、何年後でしょう?
それってもはや、大切なモノなのでしょうか?

「モノが埋もれている」のは、キッチンまわりにもありがち。
なんとなく買った調味料や缶詰、レトルト食材。
キッチンの棚を掘り返してみたら、
賞味期限切れの食品がどっさり!
そんな経験、誰にだってあるはずです。

モノが埋もれた状態になっていると、
片づける気力が失せてしまいます。

**だから、片づけを成功させるには**
**「モノを埋もらせない」ことが大切なのです。**

鬼速片づけのポイントは、
「迷いを捨てる」ことと、
「モノを埋もらせない」ことにあります。

世の中には、捨てかたの指南や、
モノを最小限にするミニマリストとか、
いろいろと片づけメソッドが紹介されていますよね。
でも、どの方法にも足りていない部分があるんです。
それは、「迷いの捨てかた」です。

「モノを捨てるため、迷いを捨てましょう」と
みなさんおっしゃっています。でも、ここまでなんです。
いちばん難しい「迷いの捨てかた」については、
これまで自分自身で考えなければなりませんでした。

**そこで私は、「迷いの捨てかた」も含めて、**
**メソッドにしてしまおうと考えました。**

そうすれば、迷いも、モノも、
キレイさっぱり片づくんじゃないか！　と。
私の仮説はドンピシャ当たりました。
そうして生み出されたのが、「鬼速片づけ」です。

**鬼速片づけのポイントは2つ。**

**「ぜんぶ出し」と「保留ボックス」**

この2つがすごい威力を発揮します。
この2つをすると何が起きるかというと、

**「捨てたくなる」んです！**

## 鬼速片づけ2大ポイント❶

# 「ぜんぶ出し」

片づける場所のすべてのモノを
床に出して広げる

リビングなどの広いスペースにシートなどを敷いて並べましょう

ダメ！

片づける場所で
作業するのはNG

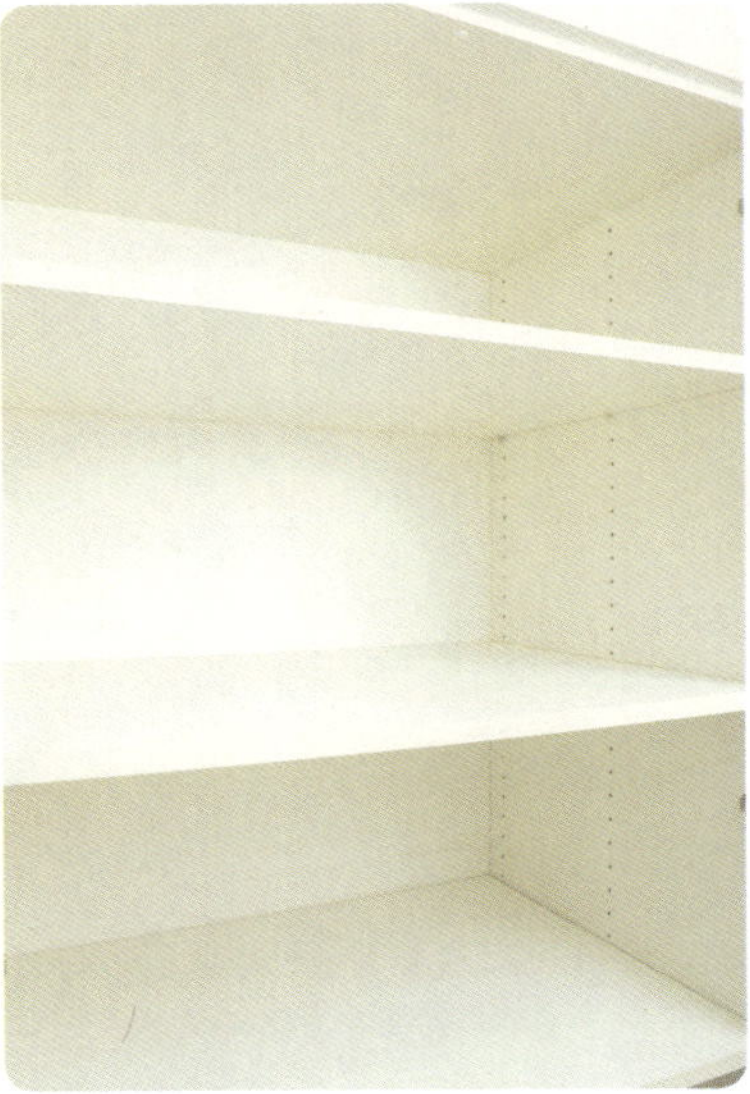

正解！

いったん
空っぽにしよう

鬼速片づけ2大ポイント❷

# 「保留ボックス」

ダンボールを用意
（使い古したモノで可）

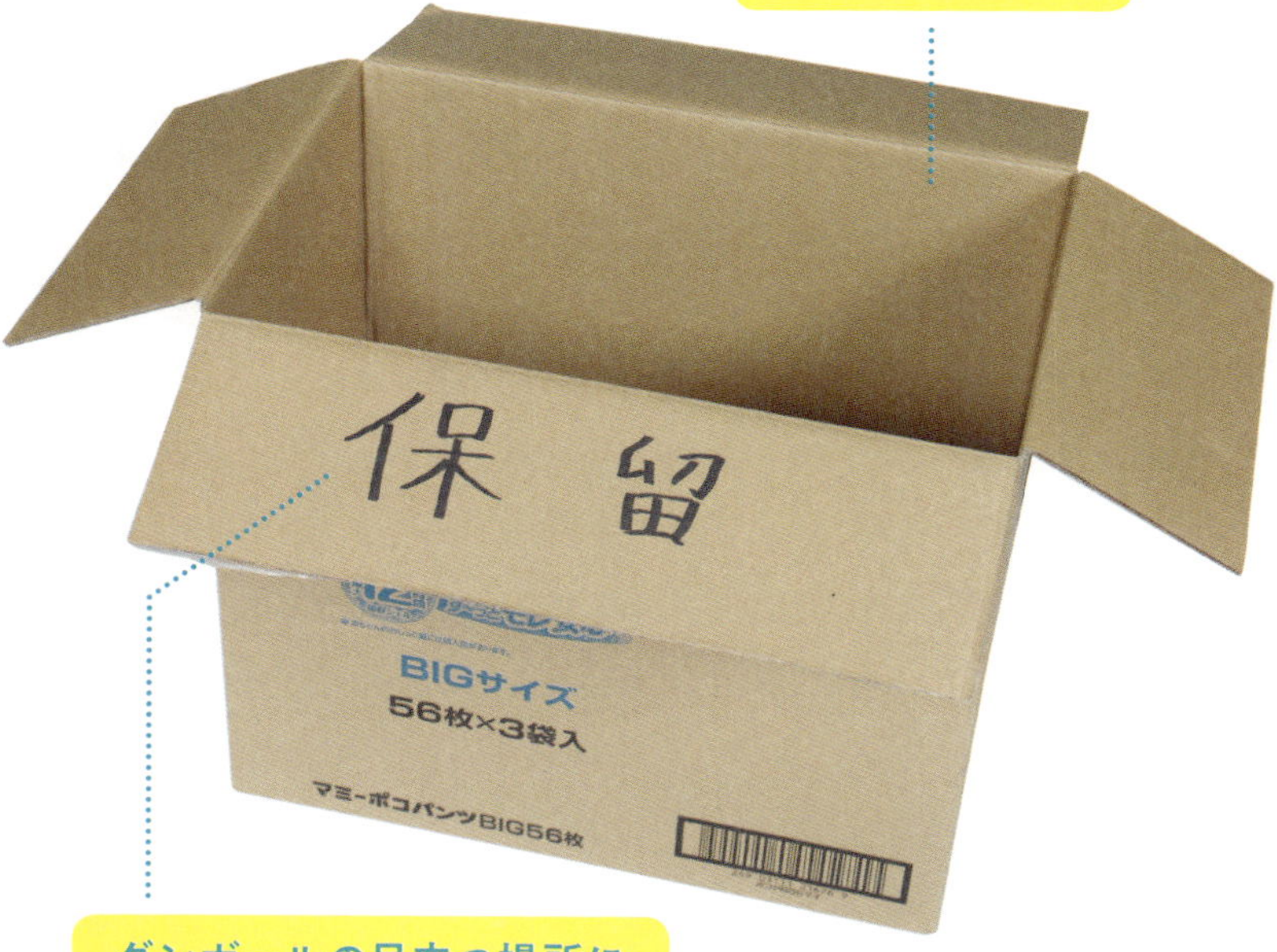


ダンボールの目立つ場所に
「保留」と大きく書く

インテリアにならない汚いダンボールが最適。「保留」の文字は箱の側面でもOK。大きく目に飛び込んでくるように。

「ぜんぶ出し」する

ゴミはどんどん
捨てる!

捨てるか迷ったら
5秒で保留ボックスへ

部屋の
目立つところに
置いておく

だんだん「保留ボックス」が
邪魔になり、捨てたくなる！

**「ぜんぶ出し」**をすると、
すべてのモノが白日《はくじつ》の下《もと》にさらされるため、
埋もれたモノがなくなります。
自分でも忘れていたモノにたくさん出会うことになります。
すると、大切だと思って保管していたモノが、
ただのゴミであることに気づいて、どんどん捨てることができます。
また、一度「ぜんぶ出し」してしまうと、もう後戻りできないため、

**「やるっきゃない！」という気持ちが**
**生まれて、片づけのモチベーションが**
**ぐんぐん上がるのです。**

「**保留ボックス**」は、ぜんぶ出ししたモノを
「使うか」「使わないか」でジャッジするとき、
とてつもない威力を発揮します。
「使う」「使わない」の
二択でジャッジしていると、
どうしても迷いが生じてしまいます。
そこに、「保留」という
新しい判断軸を加えるのです。
たとえば
「この本、いずれ読むかもしれない」
「この食器、親友の引き出物だから捨てづらい」
と迷ってしまったら、即座に保留ボックス！

判断の時間は5秒もあれば十分。
捨てるか迷い、5秒経っても決められなければ、
保留ボックスに入れるのです。

すると、

**片づけ中に、作業が**
**止まることがなくなります。**
**考え込む時間がないので、**

**片づけが終わるまでの時間が**
**驚くほど短くなります。**

保留ボックスは片づけ後、
リビングなどの目立つところに置いておきましょう。
イヤでも保留ボックスが目に入る場所に置いてください。
だんだんリビングの中で浮いているダンボールが邪魔になってきて、
箱の中身のことも常に意識に上ってきます。
**するとそれが、本当に必要かどうか**
**わかるようになってきます。**
**早ければ、翌日にはもう保留ボックスの中身を**
**ぜんぶ捨てられる人もいます。**

やっぱり必要だと思うなら、元の場所に戻してやればいいのです。

最近はネットで買い物されている方も多いと思います。

**保留ボックスは、ネットショッピングでいう**
**「カート」の役割だと思ってください。**

そのときは買うか買わないか迷ったとき、
とりあえず「カート」の中に入れておきますよね。
何日か経《た》って、カートの中身を見てみると、
「やっぱり買おう」「やっぱりやめよう」と
自然に判断できるようになります。

「保留ボックス」もまさにこの理屈で、
片づけ中には判断のつかなかったモノでも、
ジャッジを先送りすることで、

それが本当に必要なモノなのかが
わかってくるのです。

**片づけ時間を最速で終わらせ**
**迷ったモノの判断は**
**じっくり時間をかける。**

**これが鬼速片づけの真髄なのです。**

体験モニター 1

# 「鬼速」でスッキリ片づきました！

体験者

豊川京子さん（63歳／主婦）

## 存在を忘れていた賞味期限切れの食材がたんまり

掃除は好きなのですが、片づけは昔から苦手で、気がつくとモノをたくさん溜めてしまう傾向にありました。特に、「食べものは粗末にしない」

鍋やガスコンロなどのキッチン用品が、秩序なく置かれている棚。とりあえず、空いているスキマにモノを詰め込んでいるため、鍋を取り出すにも上に置かれたモノをいったん取り出さなければならず、とても非効率的な状態です。

という考えが染みついていて、捨てられず、どんどん食材が増えてしまいます。今回はキッチンにある棚を片づけたのですが、賞味期限切れの食品が出るわ出るわで驚きました。鬼速片づけは、自分がどんな買い物をしているかにも気づかせてくれました。

「ぜんぶ出し」

お鍋が好きな豊川さん。棚の奥から使いかけのガスボンベが4本も登場。さらには賞味期限切れの缶詰に、お土産でもらった大量の韓国ノリ、さらには大小さまざまな紙袋の姿も。果たしてどれだけ捨てられるか？

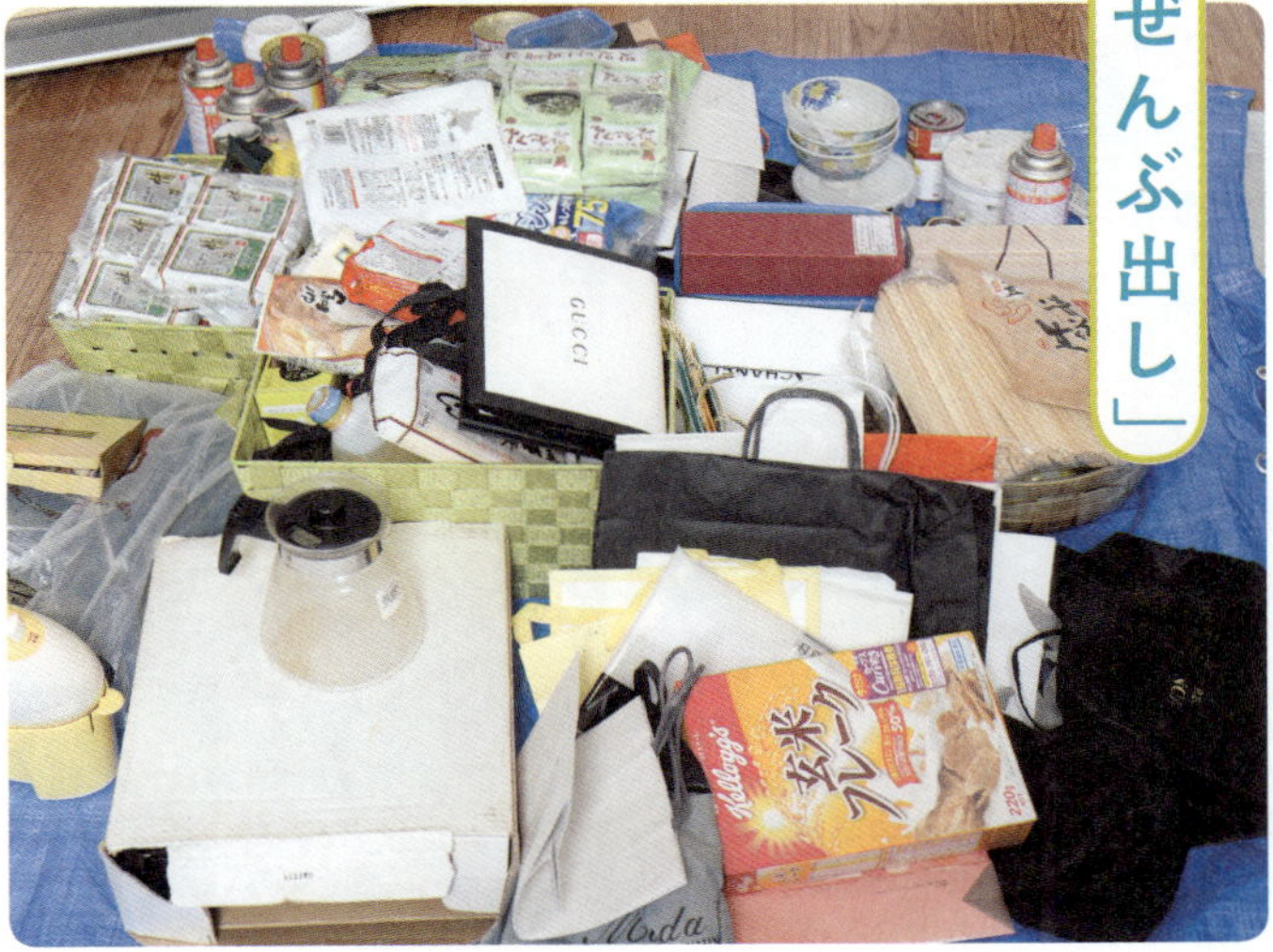

## 体験モニター❶

使うモノ

まだ食べられる食材と、ガスコンロに、使用している湯のみやコーヒーメーカー、未開封の油などを残しました。今使っているモノに限定すると、ここまで減らすことができます。

捨てるモノ

賞味期限切れの食材をぜんぶ捨て。「ぜんぶ出し」すると、捨てるべきモノはすぐにチョイスできます。鍋を捨ててしまうのは、実はもう一つ鍋をお持ちで、古いほうは必要なかったから。

ゴミ袋へ

使わないモノ

「保留ボックス」

「ぜんぶ出し」でほとんど片づいてしまい、「保留ボックス」に入ったのは、いただきものの高級銘茶といくつかの紙袋だけ。翌日にはあっさり捨てられたそう。

使うモノ

### 片づけすぎて、スッカスカ！

豊川さんの場合は、食器棚の中のモノがほとんど「ゴミ」であることが発覚し、最終的にはこの状態に。「ぜんぶ出し」は普段はなんとなくスルーしている場所を片づけるのに、絶大な力を発揮します。

鬼速片づけの
ココがイイ！

### 「ぜんぶ出し」でやる気が出た！

棚の中のモノをすべて出す「ぜんぶ出し」。これができれば片づけの大半が終わった気がします。何だか捨てたくなり、思わず捨てすぎてしまいました(笑)。保留ボックスの中身は、翌日には捨ててもいいかな、と思い、実際捨てました。時間をおくと、執着心がなくなって。保留ボックスは、モノの整理と、頭の中の整理、両方をしてくれる魔法のボックスだと感じています。ありがとうございました。

体験モニター②

# 「保留ボックス」のすごさが、体験してみて初めてわかった！

体験者

西 玲子さん
（41歳／会社役員）

## 小さな納戸の中に、これだけ入ってた！

片づけには特に苦手意識はありませんでしたが、普段あまり目につかない場所の収納に関しては、「もしかしたらこれから使うかも」という気

子ども用のおむつに、ホットプレート、DIYの工具などが無秩序に詰め込まれている。パッと見たところ、さほどモノが多く見えないが、奥にたくさんの小物が押し込まれていて、ぜんぶ出しすると、次々とモノが出てきました。

持ちで、とりあえずしまっておくクセがありました。納戸にはいろいろなモノが溜まっている状態。いつか手をつけなければと思いつつも、なかなか腰が上がらず……。今回の体験モニターをしてみて、「あんなモノまで入ってたのか」と自分でも驚いています。

広げるとたたみ3畳分が埋もれてしまう量。納戸は何かと使い勝手がいいため、同じようにモノが詰め込まれた家庭が多い。

「ぜんぶ出し」

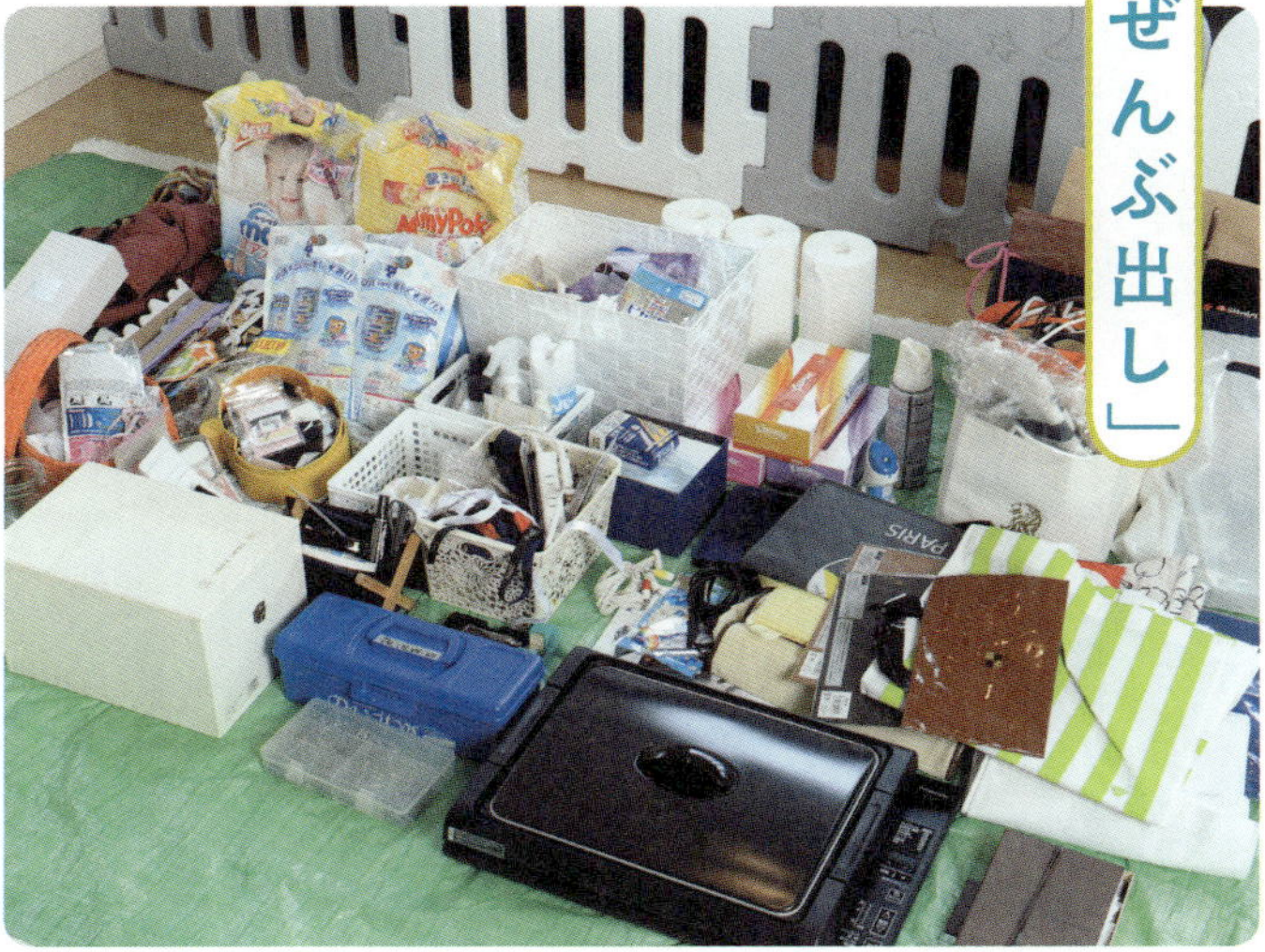

## 体験モニター❷

使うモノ

収納ボックスや紙袋など、同ジャンルのモノについては、お気に入りのモノだけに厳選。現在の生活で使っているモノや、贈り物の食器などを三択ジャッジでサクサク判断。

捨てるモノ

ゴミ袋へ

なんとなく増えていた紙袋。なんとなく増えていた小物入れ。いつ買ったのかも忘れた使いかけの衛生用品に、謎のパーティーグッズなど、一気に捨てました。

使わないモノ

「保留ボックス」

西さんが中に入れたのは、某市の観光大使に選ばれた時のトロフィーと、おむつだけ（第2子のために念のため保留した）。どちらも2日後には、捨てられたとのこと。

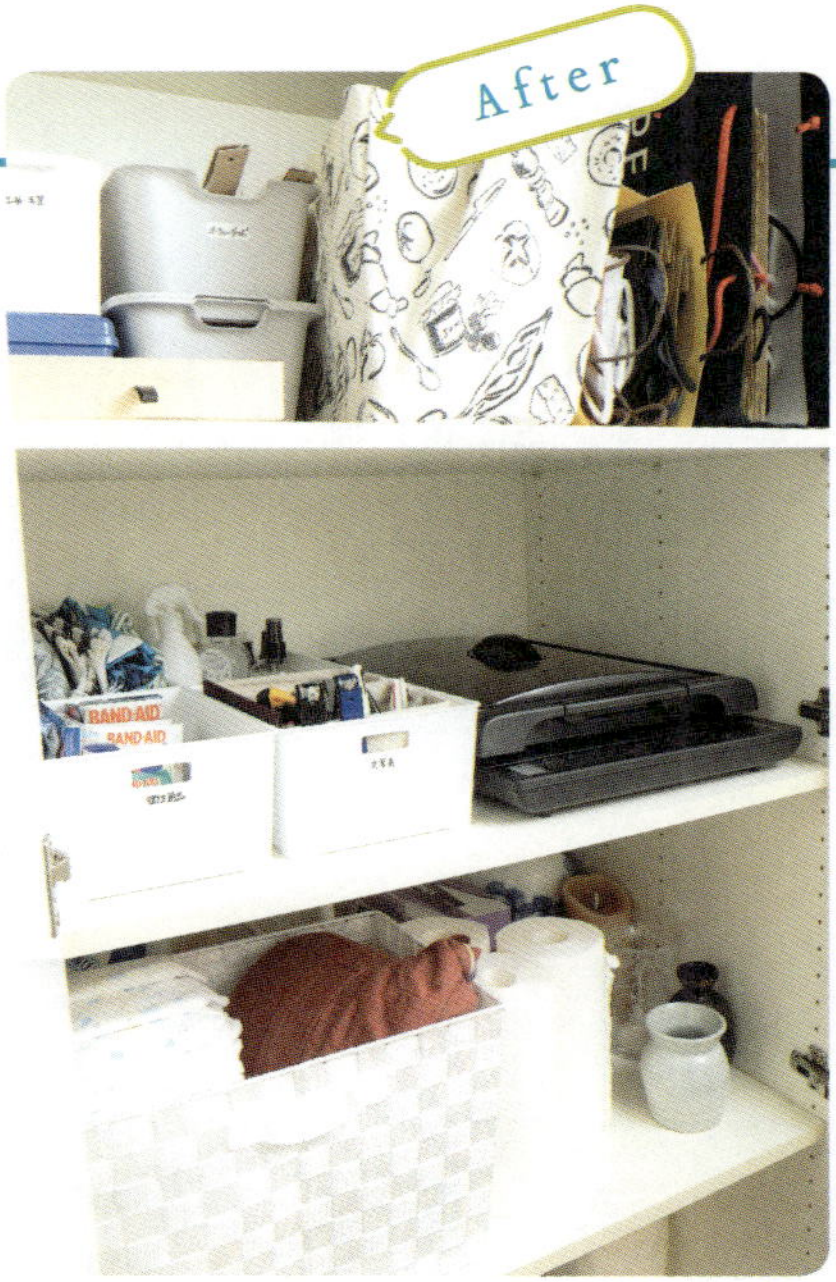


使うモノ

### ジャンルごとに収納して、奥までスッキリ!

モノの総量が減ったことで、納戸の奥まで何が入っているか見渡せるように! シンプルな収納ボックスを用意し、ジャンルごとに区分けすることで機能性も抜群になった!

鬼速片づけのココがイイ!

### 頭の中も整理されます

「保留ボックス」は、説明を聞いた時と、実際にやってみた時では、まったくイメージが変わりました。リビングの目のつくところに置いておくと面白いもので、自然と頭の中が整理されていくような感覚。無意識が意識しているような感覚?で、私の場合は2日ほどで、保留ボックスの中のモノを捨てる決断ができました。これはまさに保留ボックスの効果。素敵な方法を教えてくださって本当にありがとうございました!

体験モニター③

# モノを捨てられない夫が、ついに片づけに協力してくれた！

体験者

森 由美さん
（47歳／主婦）

## 5年以上着ていない夫の服で、クローゼットがパンパンに！

私自身はこまめに片づけをするタイプなのですが、主人はコレクター気質があって、

冠婚葬祭用の礼服やダウンジャケット、パーカーなど、最後に着たのがいつか定かでない洋服がギッシリ。存在すら忘れていた服も混ざっていて、何から手をつけていいかわからない状態。

何でもモノを溜め込む傾向にあります。家族とはいえ勝手に捨てることもできず、片づけるようお願いしても、どこ吹く風。スッキリした部屋で過ごせないかと長年悩んでいました。そんな折、鬼速片づけのことを知り、主人と一緒に実践してみたところ……!!

ぜんぶ出しをし、夫とともに三択ジャッジ開始。「こんなセーターあったけ」と一つひとつ手にとって、5秒で行き先を決めていく。時間制限があると、優柔不断な夫もスムーズに作業を進められた。

## 「ぜんぶ出し」

使うモノ

残したのはこれだけ。現在着ている服を中心に残した。セーターやカーディガンなど、同ジャンルの服については、いちばんお気に入りを厳選。

捨てるモノ

ゴミ袋へ

1年以上着ていなかった服たち。なかには高額なブランドの洋服もあったが、「一生着ることはなさそう」ということで、廃棄処分を決断。

使わないモノ

「保留ボックス」

5秒でジャッジできなかった服を入れた。夫いわく「思い出があるから」とウジウジ。しかしながら2週間後、「どうでもよくなった」と自主的に捨てる結果に。

## お気に入りだけが残り、新たな収納スペースも

本当に必要な服はこれだけで、スペースもこの余裕。どこにどの服があるか一目でわかるようになり、服装のレパートリーが逆に増えたとか。

保留ボックスはイヤでも目に入る場所に置く。

使うモノ

鬼速片づけの ココがイイ!

### 夫婦仲まで良くなりました

正直なところ、夫は相当捨てられない性分なので、この体験モニターが成功するか不安だったのですが、「保留ボックス」があることで「いきなり捨てなくてもいい」という安心感があるからか、夫も楽しそうに片づけをしていました。夫婦のコミュニケーションの方法としても、鬼速片づけは役立つと思いました。

もともとあれこれ迷いが多かった私でも
成功したのが「鬼速片づけ」。

**私は今でこそ整理収納アドバイザーを**
**名乗らせていただいていますが、**
**実は、「片づけられない女」でした。**

小学生の頃から片づけが苦手で、なくしモノ、探しモノ、
忘れモノばかり。そんなルーズな性格のためか、
イジメにあいました。
高校生になってもゴチャゴチャした部屋でいつもバタバタ。
生活も不規則で帯状疱疹《たいじょうほうしん》になりました。

大学生の時の恋愛では、
迷いばかりで彼以外の男性も気になってしまいました。

**部屋と同様に頭と心の整理がつかず、**
**「本当に大事なもの」が**
**選べなかったのです。**

就職活動もうまくいかず、毎日イライラして
ますます暮らしがすさむなかで、うつ病を発症。
ようやく仕事が見つかっても、忙しさを理由に
部屋はますますめちゃくちゃに。
また体を壊して、もう一歩も前に進めなくなりました。

自己嫌悪はピークに達し、
でも再びうつ状態になって寝こむのはイヤ……
なんでもいいから何かしようと思って、
とりあえず部屋の片づけを始めました。
人生で初めて、片づけに本気で意識が向いたのです。

するとどうでしょう、新しい仕事の話がきました。
「あれ？　片づけるといいことあるって、もしかしてほんと？」
半信半疑でしたが、少しずつ片づけを続けました。

**部屋がキレイになるとともに、心にも迷いがなくなってきて、**
**本当に自分がしたいことに気づきました。**

**すると、いい人間関係に恵まれて、毎日が楽しく、**
**追い風に乗るように独立できたのです。**

ダメダメだった私と同一人物です。
性格も能力も同じ。
意識的に変えたことは何もありません。
違いは、部屋を片づけた、それだけです。
だから私はこう確信を持ったのです。

## 片づけが成功すると、
## 人生がうまく回り始める！

## 鬼速片づけで変わる!
# 人生のビフォーアフター

部屋をキレイにすると、たくさん良いことがあるんです。
あなたは、どちらの人生を選びますか?

Before

## 「部屋がゴチャゴチャ…」

モノがあふれて、どこにも余裕がない部屋。
部屋はあなたの心を映し出す鏡です。

# 「部屋がゴチャゴチャ」していると

## ← 鬼速片づけスタート！

鬼速片づけで、
時間をかけずに
キレイな部屋を
手に入れましょう

# 「部屋がスッキリ！」

部屋が片づくとともに、
なんだか心までスッキリしてきて──。

# 「部屋がスッキリ！」すると

ストレスが減る

心に余裕が生まれる

愛が深まる

ブレない自分に

自分の時間が増える

決断力が身につく

お金が貯まる

後悔がなくなる

# 理想の人生へと 鬼速チェンジ！

「片づけで人生が変わるなんて、大げさな……」
と思われるかもしれません。
でも、この変化は決してめずらしいことではないのです。

まず、「ぜんぶ出し」でモノを片づける、
その行為は決断力と行動力のアップに直結します。
**脳科学の世界でも証明されているようですが、「まずはやってみる」ことで脳が刺激されて、モチベーションがグングン上がるそうです。**
「まずはやってみる」をクセにすれば、迷ってばかりだった
人生への向き合い方も変わっていくのです。

また、「保留」という考え方は人生のさまざまな場面で応用できます。

たとえば、あなたが今10個やらなければならない仕事を抱えていたとしましょう。いちばんはじめに手をつけた仕事がなかなか思うように進まず、時間だけを浪費してしまった。

でもこのとき、いったんその仕事を保留しておいて、その他の9個の仕事を終えたあとにとりかかれば、心にも余裕が生まれて、必ず良い結果が生まれます。

学生時代のテストを思い出してみてください。

わからない問題のところで立ち止まらず、いったん保留して次の問題に進んだほうが、結果として良い点がとれたはずです。

保留と聞くと、なんだか「先のばし」している印象があるかもしれませんが、広い視野でみてみると、

**保留こそが鬼速で物事を進めるためのポイントなのです。**

また、保留ボックスを使うと、
自分の価値基準、「軸」ができます。
「いつか使うかもしれないと迷っていたけど、永久に使わないいな」
と気づき、自分が本当に大切なモノ、
必要なモノがクリアになってくるのです。

**頭の中のグチャグチャした状態もスッキリし、**
**思考の整理整頓ができるようになります。**
**すると、ムダな時間やお金、思考や感情を使わなくてすみます。**
**好きなこと、やりたいこと、大事なことに集中できる。**
**だからベストな結果になる。**

**そんな毎日は楽しいし、人にも優しくなれます。**
**だから、人から応援してもらえます。**

これは私自身が体験し、また「鬼速片づけ」をした方々の変化を目の当たりにした結果、自信をもってお伝えできることです。

頭や心の中は見えません。人生や性格はとらえどころがありません。でもモノなら具体的に把握できます。人は思いどおりに動かせないし、自分をコントロールするのも難しい。でも、モノなら捨てられるし、動かせるし、取り替えるのも簡単です。モノはあなたの鏡です。あなたの好み、思い、無意識がそこに反映されています。

だから、人生をスッキリさせたければ、
モノをスッキリさせるのが一番てっとり早いのです。

**ぜひみなさんも、**
**鬼速片づけをきっかけに、**
**理想の人生を手にしてください。**

**ダメダメだった**
**私にもできたんだから、**
**あなたにも絶対できます！**

# 目次

## Part 2 片づけのエンタメ化で、ストレスフリーな毎日を



## Part 3 二度と部屋にモノが増えない鬼速式管理メソッド

## Part 4

# 片づけも人生も、「ポジティブなあきらめ」で成功する

## Part 5

# 体験談 暮らしも人生も「鬼速」で変わりました！

## 目次

Part 1

# 鬼速は生涯最後の片づけになる！

# まずは理想の暮らしを想像する

みなさんは、なんのために片づけをするのでしょう。

それは、心地よく暮らすためではないでしょうか。

では、心地よい暮らしとは、なんでしょう？

それは、なんでもいいのです。あなたが思い描くものです。


私の場合は「イライラしない」です。

私がニコニコしていると、家族もニコニコしています。家庭が明るいと、それぞれ学校や職場でノビノビがんばれます。すると、なにもかもがいい方向に進みます。

だから、イライラする原因を減らすようにしています。

**探しモノをしない。めんどうなことをしない。家ではなるべくラクをする。それは、モノが少ないと、とっても簡単です。**

「仕事が忙しくて……」と、家事に悩む女医さんがいました。聞けば、職場ではいつも白衣を着て、通勤には自家用車。オシャレをしても誰の目にもふれず、ご自身もあまり関心がない、と言うのです。

一緒に考えてみると、Tシャツ3枚とデニム3本あれば、1週間、着まわせることがわかりました。

「じゃあ、それ以外の服は、処分しましょう!」

帰宅したら服を脱いで洗濯乾燥機に入れます。翌朝はそこから取り出して、着て出かければいい。

別に、たたむ必要はないし、わざわざクローゼットに入れたり出したりしなくたって構わないのです。

代《か》わりに、少しでも長く休息をとったり、もっと大切なことを考えたり、好きなことをしたほうが、どんなにいいでしょう。

もちろん、オシャレが好きな人は、たくさん服を持っていていいのです。
雑貨や、趣味のコレクションを飾りたい人は、ガマンする必要はありません。
それでも、鬼速片づけで、もっと暮らしはラクにできます。

素敵なインテリアを目指したい人は、それを目指せばいいし、きちんと収納してある状態が気持ちいい人は、そうしましょう。
でも、そうじゃない人まで、みんながする必要はまったくありません。

**本人にとって快適なら、それが理想の暮らしです。**
**そのために必要なモノが、使いやすく収まっている。**
**その状態を最短でつくるのが、鬼速片づけです。**

まず、あなたの理想の暮らしを思い描いてみる。そこからスタートしましょう。

片づける。

それは、勉強、スポーツ、仕事、人間関係、恋愛、結婚、育児、ダイエット……人生のありとあらゆることに比べて、笑っちゃうくらい簡単です。

いまは「片づけられない」と思っているかもしれませんが、誰にでもできます。どんな小さなことでも、できなかったことができると、うれしい気持ちになります。「いいことないかな」と思う日。特に楽しい予定がなければ、片づけでもしてみませんか?

「片づかない」「部屋が汚い」「だらしない」。それがコンプレックスなら、あなたはラッキーです。なぜなら、必ず克服できるコンプレックスだからです。

しかも、いとも簡単に。鬼速で!

# 快適な暮らしは
# モノを捨てることから始まる！

これまで、あなたの片づけを阻《こば》んできたのは、どんなことですか？

めんどうくさい。

時間がない。

やっても、またすぐにグチャグチャになる。

安心してください。鬼速片づけは、その点、クリアしています。

捨てられない。

捨てたくない。

もったいない。


それについては、ここでちょっと考えてみましょう。

私が日ごろ思うのは、**みなさん、なにを「もったいない」とするかが、すりかわっている気がします。**

たしかに、まだ使えるモノを処分するのはもったいないことです。

でも、それが邪魔になっているとしたら？　その場所が、もったいなくないですか？　そのせいで、使うモノを見つけにくい、取り出しにくい。だとしたら、その労力や時間も、もったいないです。

使わないのにキープしておく。その場所にも家賃は発生します。そのお金も、もったいない。

「これ、どうしようか」と見るたびに思う。イラッとする。そのメンタルも、もったいない。

新しいモノを買っても、それを入れる場所がない。またはギュウギュウに詰めこんですぐにヨレヨレになるとか、古い大量のモノに紛《まぎ》れて買ったことを忘れてしまうとか、飾ってもオシャレに見えないとか。

それこそ、悲しいくらい、もったいないです。

**何を一番「もったいない」とすべきかというと、「あなた」という資源です。**

有限なのです。

場所もそうですが、時間も、労力も、思考も、メンタル＝気持ちも、無限には注《そそ》げません。モノが多ければ多いほど、やることは増えます。掃除も大変、管理も必要。それだけ時間を奪われて、気持ちのゆとりを吸いとられてしまうのです。

Tシャツ3枚とデニム3本の例は極端に思えるかもしれませんが、服をクローゼットに掛けられる枚数にすれば、ぜんぶハンガー掛けでOK。たたむ必要はありません。下着類も引き出しにそのまま入る量なら、やはり、たたなくていいのです。

**いま使っていないモノは、いまのあなたの人生に関係ないモノなのです。**

持っていることを忘れているモノは、いまのあなたに必要のないモノです。言うなれば、アカの他人です。それを大量に抱えこむのは、他人のために家賃を払い、無償で奉仕しているようなもの。

社会活動なら別ですが、モノに対してはもったいなさすぎます。


愛情も有限なのです。

数が多いと、どうしても扱いはぞんざいになります。

どんなに恋愛体質の人でも一度に100人は愛せませんよね？

ビビッときて買ったはずのモノ、いまも大切にしていますか？　変わらぬ愛を注いでいますか？


大奥《おおおく》ならいいのです。

場所も、時間も、人手も、お金もふんだんにあって、愛人が何人いようと、部屋やご飯や着物を与えて、きちんと扱えるなら、誰も文句は言いません。

でも、そこまでできない主人には、側室《そくしつ》も、モノも恨《うら》みを抱きます。

使っていないモノ、生かされていないモノ、それはつまり死んでいる。

ゾンビです。


**理想の暮らし。快適な暮らし。**

**それを手に入れる最も簡単で単純で最速の方法は、ゾンビを退治することです。**


家の中で〝いま〟使っていないモノを処分すればいいのです。

周りを見てください。昔、使っていたモノ、いつか使うかもしれないと思うモノ、目につきませんか？

気づいたら、その場で処分してしまいましょう。


スキマ時間にチョコチョコ処分するだけでも、変化はあります。

でも、劇的にスッキリさせるためには「ぜんぶ出し」がおすすめです。

収納の奥のモノまで一度ぜんぶ出してみて、いま使っていないモノ、いま必要な

いモノを処分します。

「う、やっぱりめんどうくさそう」

そう思いますか？　でも、これ、一生に一度だけでいいのですよ。

モノが少ないと、暮らしも片づけも圧倒的にラクになります。

髪をロングヘアからショートにすると、シャンプーやブローが格段にラクですよね。その快感が家の中のアイテムの数だけ得られると想像してみてください。

その先には、本当にお気に入りのモノに囲まれた〝自分色の部屋〟があります。

片づけのことを考えないラクな暮らしが待っています。

おまけに、人生まで好転するというご褒美《ほうび》までついてきます。

ムクムクとやる気が出てきましたか？

そのタイミングで人生に一度だけ、ゾンビに戦いを挑みましょう。

そのための最強で最速の作戦を本書で伝授します。

# さあ、生涯一度の「ぜんぶ出し」だ

「一番簡単な片づけを教えて！」

そういう方は、この章だけ読んでくださっても結構です。

その内容をひとことでまとめると、「使ってないモノを捨てる」。

「そうか！」とサクサクできてしまう方は、この先を読まなくてもいいくらいです。


でも、たいていの方はそうはいきませんよね。だからこそ、この「鬼速片づけ」の本を手に取ってくれたのですから。

ここから説明するのは、私がこれまで本や雑誌、テレビ番組でお伝えしてきたなかで最も速くて、シンプルで、ストレスなく片づけられる方法です。

世の中の整理収納本やブログを見ると、私でさえ「わぁー、すごい」と感心しつつ、「かなり大変そうだな」「これができたら苦労しないな」とレベルの高い片づけにひるんでしまいます。

「そこまでやらなくてもいいんじゃない？」というのが、正直な感想です。

では、どうするか。

「ぜんぶ出し」です。

まず、片づけ場所を決めます。

「ごちゃついてる」「イラッとする」と、気になるところはどこですか？

**手始めは、なるべく狭くて〝思い入れのない場所〟がおすすめです。**

洗面所とか、よく使う引き出しとか棚1段とか、それくらいから始めましょう。

次に、そこにあるモノをすべて出します。

洗面台の下、引き出しの中、棚の奥……決めた一ヶ所を空っぽにしてください。出したモノをブルーシートなどの上にすべて広げて置きます。

部屋を汚さないためなので、レジャーシートでもなんでも構いません。ただし、できるだけ大きめサイズでご用意ください。

というのも、経験したみなさんがモレなく、驚愕《きょうがく》の声を発するからです。

「うわぁ……、こんなに入ってたんだ!!」

本人が「どうやって入っていたのかな?」と首をかしげるくらい、大量のモノが出てきます。クローゼット1つのモノを出しただけなのに、15畳ほどの広いリビングがびっしり埋まってしまった、という方もザラにいます。

そして、たいてい次に発するのは、こんな言葉です。

「なんだか似たようなモノばっかり……」

広げて眺めてみると、カブっているモノがまるわかりです。同じような服、大量のボールペン、ちょっとだけ使った同じ調味料……。

こんなパターンも多いです。

「どうしてこんなモノ、まだ取ってあったんだっけ？」

**詰めこんでほったらかしにしていた間に年月が経過して、暮らしが変わり、自分も成長して、かつて大事だと思っていたモノがゴミに見えます。**

棚や引き出しの奥にあったモノは、たいてい、しばらく使っていなかったモノ。処分できるモノは、ほとんど、そこに眠っています。

だから、ぜんぶ出し。とにかく一度、空っぽにするのです。

それができたら、2つのモノを持ってきましょう。

ゴミ袋と、ダンボール箱です。

# 「保留ボックス」で迷いとサヨナラ

ぜんぶ出ししたモノのなかから「いま使っているモノ」を残します。

この作業を鬼速にするのが、「保留ボックス」です。人間の心理に根ざした、無理なく迷いを捨てる最強のメソッドです。これからその秘策をお伝えします。

用意したダンボール箱に「保留」と、太いペンで、でっかく書きます。

適当なダンボール箱がなければ、透明のビニール袋でもいいです。

「えー、そんなの!?」と拍子抜けしましたか?

これでいいんです。あとで詳しく書きますが、保留ボックスは、みすぼらしければ、みすぼらしいほど効果テキメンです。

ぜんぶ出ししたモノを仕分けしていきましょう。

**1、使うモノ→あとで戻す**
**2、使わないモノ→ゴミ袋へ**
**3、迷うモノ→保留ボックスへ**

判断は「1個につき5秒以内」をルールにしましょう。基準はあくまで「いま」ですよ。いま、使っているか、使っていないか。
決断に5秒以上かかりそうなら「保留」とします。

ちなみに、洗剤など消耗品のストックは、1アイテムにつき1個まで「使うモノ」としてもいいと思います。

さぁ、これで空間も、気分も、だいぶスッキリしたのではないでしょうか。

時計を見てください。きっと15分もたっていないと思います。


なぜ、こんなに速いのか。

それは、「保留」があるからです。

片づけに時間がかかるのは「うーん、どうしよう」と悩む時間のせいなのです。

悩むくらいなら、いま決めなくても大丈夫。あとで考えればいいのです。


片づけが進まないのは、捨てるモノと捨てないモノを考えるのに時間がかかるからです。「えーと、どうしよう」と手が止まってしまうのです。

なぜ片づけがめんどうなのかというと、捨てるか捨てないか、白か黒かを決めるのが大変だからです。

思考能力は有限です。悩む時間が長くなるほど脳の働きが鈍化《どんか》して、心身ともに疲弊《ひへい》します。それで「チーン」と頭のなかでベルが鳴る。「もう、やだ。やめた」と。


そうしないために、使っている、使っていない、あとで考える、の三択にします。

**白か黒かではなく、グレー（保留）を設けておくのです。**

**そうすると、片づけはぐんぐんはかどります。**


これに気づいたきっかけは雑誌やテレビの仕事でした。

通常はお客さまの家に何日か通って片づけのお手伝いをするのですが、雑誌やテレビで出演者の家を片づけるときは、4～6時間と時間が極端に短いのです。

それなのに、「使っている」「使っていない」の二択を迫ると、ふと本人の手が止まってしまう瞬間があります。そんなときに「あとで見てください」「いったんよけておきましょう」という逃げ場があると、ジャッジが何倍速にも加速することを発見しました。

保留ボックスが誕生した瞬間です。


使っていないけど、捨てづらい。

役に立たないけど、取っておきたい。

人間誰しも、そういうモノはあるものです。それは無理してその場で捨てることはありません。あとで好きなだけ考えればいいのです。

保留ボックスは、リビングの目につくところにいったん、置いておきます。


**「保留」なんて、結局、片づいていないのでは？**

**いいえ、違います。あなたは「保留」という決断を下しました。**

**それはもう、ゾンビがウヨウヨひしめくカオスとは、まったく別世界です。**


さぁ、「使うモノ」だけを、もとの場所に戻しましょう。

どうでしょう？　かなりスッカスカではないですか？　あなたは本来、それだけで暮らせるのですよ。

使いたいモノが、パッと目にとびこんできます。

使うときにスッと取り出せて、使い終わったらポンと戻せばいい。

選択したモノだけを使って暮らす快適さ、ラクさ、暮らしやすさを享受《きょうじゅ》すると
……保留ボックスが邪魔になってきます。不思議と捨てたくなってしまうのです。

これが、人間の心理というものなのです！

無理なく「迷いを捨てる」ことができるのは、このタイミング。

でも、それは、あなたが決めていい。「もう、いいかな」と自然に思えるタイミングで構いません。その間に、やっぱり使うと思ったら、もとの場所に戻すのもアリです。

ただし、永遠に保留にしてしまうと、せっかく、ぜんぶ出しをした意味がなくなってしまいます。

だから、いったん保留ボックスに入れたモノは、なんらかの決着をつけましょう。

そのためにも保留ボックスはみすぼらしいほうがいいのです。これ自体が美しいインテリアになって、部屋になじんでしまっては逆効果です。

# 好きな音楽を制限時間にして鬼速スピードをさらにアップ！

「ぜんぶ出し」と「保留ボックス」を利用して、「使っている」「使っていない」「保留」の三択でジャッジしていくと、片づけ時間が大幅に短縮されていきます。

「ぜんぶ出し」してしまうと、もう後戻りできないため、「やるっきゃない！」とモチベーションが上がるとお伝えしましたが、さらにやる気を上げる方法があります。

それは、片づけ中に、テンポのいい音楽を流すこと。

安室奈美恵の「Chase the Chance」でも、ＤＡ ＰＵＭＰの「U.S.A.」でも、何でもいいのですが、ご自身のテンションを上げてくれる音楽を流しながら、三択のジ

ャッジを始めるのです。

この方法は、単純にやる気を上げてくれるだけではありません。たたみ一畳分に広げた「ぜんぶ出し」を片づけるならば、「一曲が終わる5分で片づけを終わらせる」といったように、ご自身で片づけ時間の制限をしてみましょう。

ノリのいい音楽に促されるように、どんどんジャッジしていくことができます。音楽のテンポに後押しされることで、迷っても仕方がないことに迷わなくなり、仮に迷ったとしてもすぐに保留ボックスに入れることができます。もちろん、ノリノリになりすぎて、必要なモノまで捨てないように注意してくださいね（笑）。

片づける場所や、その人の性格によって個人差はありますが、**たたみ一畳分の量ならば、5分くらいの曲で、三択ジャッジを終えるのを目標にしてみてはいかがでしょうか。**好きな音楽をかけながら片づけをすると、片づけが楽しみにさえなってきます。

# 同じジャンルのモノは、ナンバーワンを決める

三択をするさい、頭に置いておきたいことがあります。

**同じ役割のモノは1つずつあればいいのです。**

黒のボールペンは1人に1本でいい。買い物用のバッグは1個でいい。「それ、俺の仕事だから」「いや、俺にまかせろ」と自己主張し合うモノほど、邪魔なものはありません。

ごはんのしゃもじ、いくつありますか？　炊飯器を買うたびについてきます。でも、しゃもじは一度に1つしか使いません。一家に1個で十分！

お玉や鍋は、例外として複数あってもいいです。同時に使う個数を考えて必要最低限の個数にしぼりましょう。うちは6人家族ですが、鍋は土鍋や小鍋も含めて6

個しかありません。

モノたちには最低でも月に1回くらい仕事をしてもらわないと困ります。年に数回しか働かないモノは、お払い箱です。

もちろん例外はあります。おせち料理用の重箱、クリスマスやハロウィンの飾りなど、代わりのきかないモノたちです。それらには年1回、いい仕事をしてもらいましょう。

とはいえ、高度すぎる専門職も困ります。

リンゴの皮むき器。ゆで卵のカッター。包丁があればいいですよね。

パスタを量るスケール。みそを量る道具。必要でしょうか?

仕事をしてもらうのに、お膳立てが必要なモノも考えものです。

フードプロセッサーも洗ったりしまったりを考えると、かえってめんどうです。

**兼任できるものは兼任させながら、仕事ごとにナンバーワンを決めましょう。**

**自分にとって、いま一番アツいと思える1つを残すのです。**


「もう、だいぶしぼったから選べない！」

そんな方には、1対1のガチンコ勝負をおすすめします。

これも一種の「迷いの捨てかた」です。


たとえばボールペン。

右手と左手に持って「どっちが好き？」「どっちを残す？」と自分に問いかけます。

家中のペンを一ヶ所に集めてみると、似たり寄ったりのモノが何十本と出てきます。我が家には油性ボールペンは2本しかありませんが、あなたの家には何本必要ですか？


必要な数に減るまで、ガチンコ勝負を繰り返します。

1回戦で半分に、2回戦でそのまた半分に。必要だと決めた数になるまでトーナメント方式でランキングをつけましょう。

子どもたちは、このランキングをつけるのが得意です。

「一番カッコいいやつから教えて」と聞くと、真剣に悩みます。同じような怪獣も彼らの中ではぜんぶこだわりがあるので、「強い順？」「大きい順？」と聞いてきます。「よく遊んでいる順か、好きな順でいいよ」と言って、オモチャ箱に1位から順番に戻してもらいます。

あふれたモノを「どうする？」と聞くと、「もう、なくてもいい」と自ら言います。

ガチンコ勝負は、いらないモノを捨てるのではなく、いるモノを残しています。だから結果は同じでも、心に無理がなく、処分しても後悔がないのです。

# 保留ボックスから生還できるのは「イケメンの執事」だけ

片づける場所を決めるときに、〝思い入れのない場所〟から始めることをおすすめしました。

くつ箱、食品棚……と範囲を広げ、本棚、クローゼット……と進むにつれて、あるときから鬼速スピードが鈍化《どんか》するかもしれません。

「いま使っているモノ」と「捨てていいモノ」より、「保留」ばかりが増えてしまうのです。

スランプではありません。

判断を鈍らせている正体は「思い入れ」です。

使っていないけど捨てづらいモノ。役に立たないけど取っておきたいモノ。それは無理して捨てる必要はない、と書きました。

でも、モノの数が多すぎると、やはり暮らしは大変です。

**モノが多いと、探しモノが多くなります。**
**ギュウギュウ詰めこむと、出したりしまったりが、おっくうになります。**
**掃除もひと仕事です。モノを動かしたり、ホコリを払ったり。**

ついでに言っておくと、私がインテリアに目覚めて最初に悟ったのは、「モノがたくさんあると、カッコいいインテリアにならない」という真実でした。

たくさんモノを持ちたい⇕ラクしたい

この2つを天秤にかけて、自分にとっての適正量を決めましょう。

そして、減らしたいなら、なんとなくモヤモヤしている「思い入れ」を整理して、モノを減らします。
そのさいに役立つのが「イケメン法」です。

**いったん保留ボックスに入れたモノは、「好き」という軸で選別するのもアリです。**
でも、「好き」にも、いろいろあると思うのです。
たとえば、好きな度数。大好き、ちょっと好き、そのレベルや順位です。
そして、「いま」好きなのか、「昔」好きだったのか。
その気持ちに、どれだけ使うかを掛け合わせて、分類してみましょう。

グループA＝いま好きで、使う（イケメン執事）
グループB＝好きじゃないけど、使う（執事）
グループC＝いまも好きだけど、使わない（ヒモ）
グループD＝もう好きじゃないし、使わない（ゾンビ）

## 保留したモノはイケメン法でジャッジしよう！

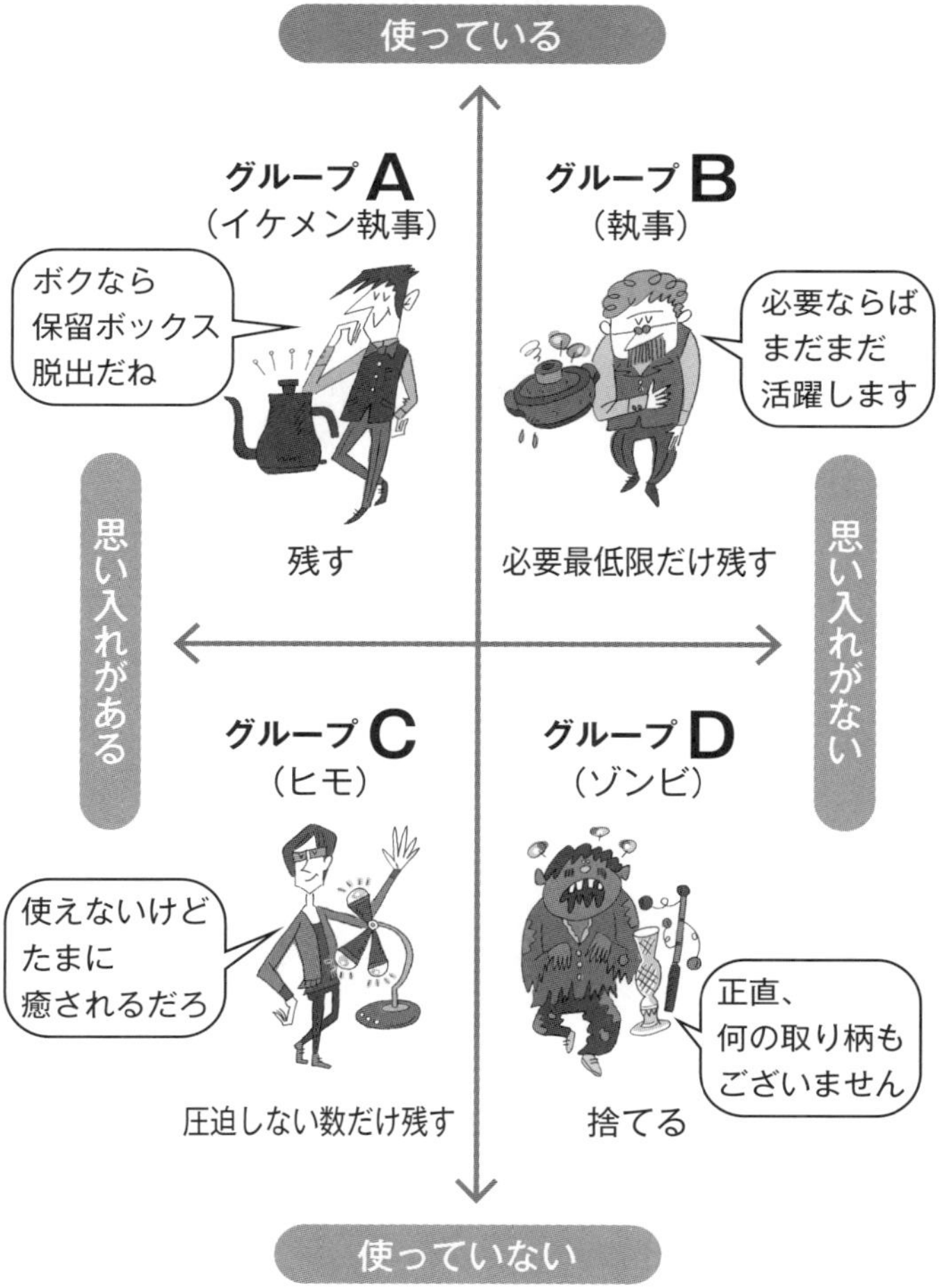

イケメンという言葉が嫌なら、美女でもスターでも、好きな言葉に置き換えてください。

執事も同様。秘書でもなんでも結構です。

**この仕分けが、保留ボックスの中のモノの選別を鬼速にします。**

Aのイケメン執事は、仕事ができるばかりでなく、その存在によって心がときめく逸材《いつざい》です。実務もうるおいも兼ねています。これだけで家が構成されていたら、人生はバラ色です。

Bの執事は優秀で、頼りになる存在。でも、1つの仕事につき1個でいいのです。

イケメン執事と、ただの執事。どっちを残したいですか？

迷わずイケメン執事ですね。

Cのヒモ。役立たずだけど、いてくれるだけで超かわいい、みたいな子。かわいい雑貨や趣味のコレクション、めったに着ない服などはその代表です。

現役のイケメン執事と、仕事をしないヒモ。一緒に暮らしたいのはどちらですか？

ちなみに我が家にはヒモはいません。それでも毎日楽しく暮らせます。

でも、あなたの理想の暮らしが心のうるおい重視なら、ヒモもいたって構いません。でも、もっとラクをしたい気持ちがあるのなら、ゼロにしよう、とは言いませんが、トップ3くらいまでにしぼりませんか。

Dのゾンビは、かつての恩人。「ありがとう」とお礼を言って、お別れしましょう。

想像してください。モノが言葉を話せるとしたら、どう言っているでしょう？

ガチャッとクローゼットを開けた瞬間、服たちは「よっしゃっ。出番だ」と、それぞれアピールしています。でも、選ばれるのは1着です。

「おい。それ、3日前に着たやつじゃん」

「あいつ、洗濯から帰ってきたばかりじゃね？」

「ワシはのう、もう5年も光を浴びとらんぞ」

「見てよ、私。まだタグついてるし」

一度は愛して買った服たちに、あなたは相当、失礼な仕打ちをしています。

生殺しのゾンビにしておくより、成仏させるのも愛です。

# 思い出の品はどうすればいい？

**「思い入れ」を整理する、もうひとつの方法が「思い出ボックス」をつくることです。**

昔のアルバム、手紙、記念品、思い出の品、愛がいっぱいのモノ。生きていくためには必要ないけれど、メンタル面で頼りになる、切っても切れない縁を感じる。そういう想いがあるうちは、決着がつくまでそっとしておきましょう。

グループCの一員ですが、「ヒモ」と呼ぶのは失礼なので、「幼なじみ」とでも呼びましょうか。

輝かしい栄光の歴史があるモノたちなので、殿堂入りの記念館をつくってあげます。

具体的には、箱です。

でも、保留ボックスとは違って、こちらは保存するための箱。

だからダンボール箱はおすすめしません。ダンボールはあくまで梱包材《こんぽうざい》で、湿気に弱く、長期保存に向かないからです。

大事なモノだから、ちゃんとしたところにお休みいただきましょう。

うちではプラスチックのロック付きボックスを使っています。

種類はなんでもいいのですが、私から強くおすすめしたいことがあります。

**思い出ボックスは、ひとりひとつ、と決める。**

愛のキャパシティは限られています。

「愛÷モノの数」で、数が多いと、ひとつに対する愛は小さくなってしまいます。

思い出ボックスも、たくさんありすぎて見きれないのでは意味がありません。大きすぎて気軽に取り出せないのなら、残酷な言い方ですが、ゾンビと同じです。

そして、何が入っているか覚えていられる数にする。これがとても大事です。


あまり思い出が多すぎると重荷になって、前に進むパワーが弱まってしまいます。**思い出の役割は、いまの自分に元気や勇気をくれること。そのシンボルとして残しておくモノは、一箱に入る量で十分です。**

過去のために、いまを犠牲にするのはやめましょう。


家族全員が平等にひとつずつ。その中身についてはお互いに干渉しません。

家族とはいえ、それぞれ思い入れや大切にしたいことは違います。そこに立ち入るとケンカや不仲のもとになってしまいます。


ある50歳の男性は、小学生のときに書いた絵日記をずっと持っていました。

初任給からずっと、すべての給与明細を保管している方もいました。

どちらも、「がんばった証《あかし》だから捨てられない」と言っていました。取っておくことでプラスの気持ちを生むようなモノ、これがあるからがんばれる、幸せを思い出してほっこりできる、エネルギーになる。それは本人にしかわかりません。

この思い出ボックスも、鬼速片づけのスピードをさらに後押ししてくれます。

ある音楽家夫妻は、昔の楽譜やレコードが大量にあり、なかなか片づけが進まないことがありました。もう使っていないモノ、これからも使わないモノがほとんどだけれど、「でもね」「これはね……」と始まって、まったく作業がはかどらないのです。

そこで私は、「『思い出ボックス』をつくりましょう」と提案しました。

「思い出ボックス」も、要するに「保留」なのですが、動機がちょっと違います。保留ボックスに入れるモノは「まだきれいだから」「もったいないから」という理由がほとんどです。ちょっと打算が入っています。

思い出ボックスに入れるのは、「使わないけど好きだから」「思い出だから」という想いです。これがあることで喪失感や罪悪感を感じずに整理を進められます。だから片づけが嫌になりません。

とはいっても、思い出ボックスは、ひとりひとつ。

いずれ満タンになったら、ぜんぶ出しをして整理しなければなりません。

でも大丈夫です。久しぶりに見てみると、思い入れの程度にも温度差が生じているのがわかると思います。やっぱり大事！　と思うモノと、もういいと思えるモノ。

昔の彼との思い出の品。「新しい彼ができたのに、やばい！　捨てなきゃ」。

小学校1年生のときにつくった作品。「かわいいと思っていたのに、なんだ、これ？」。

「こんなモノが入ってた」「そういえばここに入れたんだ」と、つい苦笑いしてしまうようなモノは、幼なじみもそろそろ引退です。

人の心はよくできていて、1年もたてば、たいていのことが新しく更新されて、

気持ちは上書きされます。思い出ボックスから過去のモノを取り出すと、もっと大事なモノが、いま、また生まれていることが実感できます。

逆に言うと、**いまは手放せないモノも、気持ちも、いつか「もう、いいかな」と思えるときが必ず来ます。**だから、いまはいろいろあっても大丈夫。

これからも生きていく限り、思い出のモノは増えていくと思います。

そのたびに、思い出ボックスに入れればいい。

でも、入れるたびにすべての思い出を見直して、気持ちを更新していきましょう。

# 早い人は翌日には保留ボックスが邪魔になり、捨てられる

保留ボックスの話を続けましょう。

保留ボックスの中身を少し時間をおいて眺めてみると、どうですか？

**迷って保留にしたモノですが、かなりの方が、数日後には処分してしまいます。翌日という人もいます。たいていの場合は、次のゴミ出しの日です。**

いま使っているモノと、思い入れの強いナンバーワン。これらと数日暮らして、スッキリした空間や快適さに慣れてくると、「もう、いいかな」と思えるのです。「あれがなくても大丈夫だ」と納得できます。

むしろ「あれが邪魔だったんだ」と思うでしょう。保留ボックスだけが唯一のブサイクエリア、浮いた存在に見えてきます。「あいつらさえいなければ」という心境になり、捨てたくなります。

**だからこそ、保留ボックスは、目につくところに置いておきます。第一線から退き、降格した姿をさらすのです。**

「馬子《まご》にも衣装」の逆パターンとでもいったらいいのか、保留ボックスに入ったイケメンは、もうイケメンに見えません。急に老けこみます。美容師さんが教えてくれましたが、イケメンのほとんどが髪型で決まるのだそうです。オールバックや坊主頭でイケメンに見える人は、真のイケメンだそうです。

すてきなボールペン。引き出しに入れておくとまた使う気がしますが、ダンボール箱に入っていると「最近はこすると消えるペンしか使わないし」と、現実的に考えられます。

ちょっとかわいい、まだ着られると思うTシャツ。ダンボール箱にグチャッと入っていると、「もういいか、ほかにいっぱいあるし」と思えます。

**キラキラしたまま捨てるから、心が痛むのです。**

**見ないふりをしようとしても、つい、どんよりした一角が目についてしまう。この状況を意図的につくります。**

そして、保留くんたちを、しゃべり放題にさせておきます。

「どうせ気持ち、冷めてるんだろ？」「いつまで待たせるの？　はっきりしてよ」。そんな文句ばかり聞こえてくると、「だよね。ごめんね」と、さよならしたくなります。

時間は最良の薬です。あんなに迷っていた保留の品も、だんだん、それに構っているよりもっと楽しいことをしたほうがいい、悩む時間がばからしいと思えてきます。

「なくなってどうしよう」と思っていたモノが、「なくなったほうがラク」とピシッと気持ちが切り替わる瞬間があるのです。

まだ好きなうちは無理をしなくてもいいです。無理をするとストレスになって、結局ほかで心のスキマを埋めようとします。決着のタイミングは自分で決めていい。

でも、覚えておいてください。
持ち続けることが愛じゃない。モノはみんな、いつかは出ていく運命です。
それが、いま、なのか、1年後なのか、10年後なのか、それだけの違いです。

# リビングの鬼速片づけは最後に

お客さまにも多いのです。リビングから片づけたいという方が。

でも、リビングは最後にしましょう。

なぜなら、ここには思い入れの強いものが満載だからです。お気に入りの飾り、旅行のおみやげ……使っているかどうかでジャッジできないものが多すぎます。

そもそもファミリーの場合、リビングには〝誰のものでもない〟モノが散乱しています。

いる、いらない、を判断する責任者を探すだけでも、ひと苦労です。

ましてや〝共有物〟だったりすると、ひとりひとり使う頻度《ひんど》、思い入れの強弱がまちまちだったりして、なかなか結論が出ません。

そして、**最大の敵、紙モノがこの場所に集まっています。**

だから、どうしてもリビングからやりたいという方には、約束していただきます。「写真と手紙と書類が出てきたら、見ないで袋に投げこんでください」と。

**「写真」「手紙」「書類」と書いた紙袋に、かたっぱしから投げ込むのです。**

いわば、紙モノ専用の保留ボックスです。箱でも、クリアファイルでも、使いやすいものでけっこうです。

写真、手紙、書類は、超厄介な最強のボスです。

とにかく気難しい相手で、「いる」「いらない」の判断に非常に時間がかかります。保険の証書が23年分、出てきたお宅もありました。それを一枚一枚見て整理していくのは、なかなか大変。まとめて後まわしにしたほうが効率的です。

では、投げこんだ紙袋に挑むときの秘策をお伝えしましょう。

**重要書類と、幼なじみ（思い出の写真や手紙）以外は、迷ったら捨てて平気です！**

紙モノは、時間がたっても何も解決しないばかりか、どんどんたまる一方です。だったら、封を開けた瞬間に、いるかいらないかを鬼速で判断してしまいましょう。

たいていは、見ていないから白黒つけられないだけなのです。だから、とにかく手にしたものは見る。見て、その場で判断する。

ＤＭや期限切れの案内はゴミです。すぐ処分。

支払いなど、処理しなければならないものは、バッグに入れましょう。外出のついでに処理します。

重要書類はクリアファイルなどに入れて、必要最小限だけを保管します。

そして、迷うモノは捨ててしまいましょう。

なぜなら、もう1回くるからです。払っていない、返事をしていないものは、催促がきます。

定期的に送られてくるものも、いずれ最新版が届きます。

近ごろは、たいていインターネットでも確認できます。光熱費や電話の通話料、各種取り扱い説明書、パンフレット……紙でないと困るものはほとんどありません。

とにかく、手こずる相手が集結しているリビング。

片づけに挫折《ざせつ》した、その記憶は、リビングから片づけようとしたからではないですか？

**他の場所を鬼速で片づけて晴れ晴れした気持ちと快適な暮らしを体感し、揺るぎないモチベーションが固まってから、取りかかることを強くおすすめします。**

その頃には、短い時間でキレイにするツボがわかっていることでしょう。

片づけは、やればやるほど上達します。ますます鬼速でジャッジできます。

そして、部屋を片づけるほど人生にいいことが起こり始める――それを経験したら、リビングさえ、巨大な敵に思えなくなるのです。

# 鬼速片づけをすると、自分がどう生きたいかがわかる

ここまでを終えた家の中。
ゾンビが一掃されています。
必要なモノたちは、ベストなコンディションでスタンバイしています。
ヒモは愛せる数にしぼられました。
幼なじみは殿堂入りして悠々自適に暮らしています。
ここまでくれば片づけは終わったようなもの。大勝利です！

この状態を維持するための日々の片づけを次の章からお伝えしますが、正直なところ、この先はやってもやらなくてもどちらでもいいと、私は思っています。

ぜんぶ出しの効果は、それほど絶大なのです。

**ここまでの片づけは、一生に一度、生涯最後の大片《おおかた》づけです。保留ボックスのおかげで、鬼速スピードで完了します。**

**ここから先の片づけは、日々、出したモノをしまう小片《こかた》づけです。これも、鬼速でできます。**

ぜんぶ出しの前……家の中には、さまざまなモノがカオスのようにぼやっと混ざっていました。

それが、使うモノ、大好きなモノ、思い出のモノに区別できました。

いまの自分に必要のないモノがなくなって、ずいぶん身軽になれました。

じつはこれ、あなたの心の中でも、同じことが同時並行で起こっています。

**モノを選びながら、自分は何を必要とする人間で、何が好きで、何を大切にしたいか。どう生きたくて、どう在《あ》りたいか。何を避けたくて、何をしたくないか。その選択を、繰り返していたのです。**


もう、だいぶわかったと思います。自分が何に価値を置いているのか。

それが「自分を知る」ということです。

「軸」ができるということです。


片づけられなかった頃の私は、この軸が備わっていませんでした。

だから、あれもこれも欲しくなる。モノも増える一方だし、恋人もひとりだけを選べず、相手も自分も傷つけました。

モノを処分できないように、過去にもケリがつけられませんでした。そのせいで、いまと未来がよく見えなくなっていました。

何もかもカオスのように一緒に考えて、自分のことも、周りのことも、ちゃんとつかめていませんでした。それで好意を抱くとガンガン突き進み、相手にひかれて、

そのつど心がブレブレでした。

最悪なのは、自分のことがよくわからないままに、やみくもに走っていたことです。ジタバタするだけで、ちゃんとゴールに向かっていなかったのです。


何もかもうまくいかず、とりあえず片づけを始めたとき。

「片づけるといいことが起こる」。そう感じたのは、偶然でも、魔法でもなかったことが、いまはわかります。

**片づけの過程で、自分の価値観や軸ができてきて、仕事も人間関係も、無意識ですが、その価値観や軸にそった行動になっていったのだと思います。**


世間体のいい仕事ではなく、自分が好きな仕事を選ぶ。

社会的なステイタスではなく、自分が心地いい働き方を選ぶ。

肩書や損得ではなく、自分が心から信頼できる人とつき合う。

これで、プラスに進んでいかないわけがないですよね？

たかが、片づけです。

でも、そのプロセスは、価値観と主体性を育《はぐく》むレッスンにもなってくれるのです。


しかも、鬼速片づけには「保留」があります。

決められないことは、無理やり白黒つけなくていいのです。

私はいつもお客さまに申し上げます。「迷っている」、それも立派な判断です。

だから「迷っている」は迷っていない。「迷う」と決めた、それは大きな前進です。

見て見ぬふりとは、似て非なるものです。

決められない。どうしたらいいかわからない。誰にだって、そういうときはあります。そんな自分を、しばらく保留にしてあげましょう。


時間という特効薬が必ず解決してくれます。

**急いで安易な答えにとびつくより、よっぽどいい結果を生むことも片づけが教えてくれました。**

おかげで、どんなことも「きっと大丈夫」という自信が芽生えました。

だから、なにごとにも安心してチャレンジできます。結果や傷つくことを恐れずに、ワクワクしながら冒険できます。

どんなことも時間によって癒されると知ったら、怖がる必要はないですよね？

それで、仕事も恋愛も、ステージを上げてこられたのだと思います。

私にできたのですから、誰にでもできます！

ですが、私は、ダイレクトに人生を変える方法は知りません。だから片づけをおすすめしています。

どうせなら、部屋にも人生にも、最速で効果が現れたほうがいい。だから、鬼速でいきましょう。

大好きな音楽をかけながらガンガン進めましょう！

# 鬼速片づけを開始するおすすめのタイミング

鬼速片づけは、今日からすぐに始められるものですが、きっかけがないと、なかなか腰が上がらない方もいるでしょう。そこで、片づけを始めるおすすめの時期をお伝えしましょう。

## ①年末の大掃除

何かと忙しい年末ですが、大掃除をする方も多いと思います。限られた時間の中、捨てるかどうかの判断に迷っている暇はありません。

また、クローゼットの奥にわけのわからないゾンビが潜《ひそ》んでいると思ったら、なんだか気持ちよく新年を迎えられませんよね。

そこで鬼速片づけです。

せっかくまとまった片づけの時間をとるのですから、鬼速メソッドを使って、一掃してしまいましょう。

これまでの生活でため込んだモノを片っ端からジャッジして、必要のないモノを新年に持ち込まないようにしましょう。

この時期に鬼速片づけをすると、1年の間に自分が何を選択し、何を大切にしてきたのかなどがわかり、心の整理整頓にもつながります。

## ②3月末（年度始め）

就職や進学、転職など、4月は生活環境の変化が多い時期。ご自身の生活が変わらなかったとしても、家族の誰かに環境の変化が生まれることもあるでしょう。家族の環境の変化は、当然あなた自身の変化にもつながります。

新たな環境にチャレンジする自分や家族がスムーズに移行できるように、部屋をスッキリ片づけておくことはとても大切です。

「必要な教材が見つからない！」「入社用の資料がない！」などと、新しい環境に身をおくと、何かとトラブルに見舞われがち。そんなときに部屋の中がグチャグチャだったら、ますます心に余裕がなくなってしまいます。

ですので、この時期にきちんと「使っているモノ」「使わないモノ」を整理し、頭の中も整理しておくことをおすすめします。

### ③引っ越し

引っ越しのご予定がある方は、格好の鬼速チャンスと捉えましょう。

たとえば食器棚から食器を出して、そのままダンボールに詰め込むのではなく、一度広げて「ぜんぶ出し」をしてみましょう。

そこで三択のジャッジをすれば、引っ越しの荷物は大幅に少なくなります。そしてつくった保留ボックスはそのまま新居に持っていけばいいわけです。

どうせ引っ越しで、家中のモノを「ぜんぶ出し」することができるのだから、この機会に人生最後の大片づけを終えてしまえば、新居での生活で片づけに悩むことはなくなるでしょう。

このように鬼速片づけは、ライフステージが変化するときに、特に実践していただければと思います。逆の言い方をすると、生活に変化をもたらしたいとき、鬼速片づけは大きな力を発揮してくれるのです。

今の環境や生活を変えたい方は、いつでも鬼速片づけを始めてみてください。

アイテム別

# 捨てどき 鬼速ジャッジ!

モノにも賞味期限、寿命があります。
保留ボックスを眺めて「どうしようかな」とふんぎりがつかないとき、
一般的な目安を参考にしてください。

## クローゼット、くつ箱

**カジュアルな服** 3年たったら使用期限がきたこととします。
**ブラジャー** 約1年。伸びたり縮んだりしてサイズが合わないと体型に影響します。
**ショーツ** ゴムが伸びたり、レースがほつれたら。見えなくてもみすぼらしい。
**靴** かかとのすり減り、つま先の色はげ。意外に見られています。処分か修理を。

## 洗面所

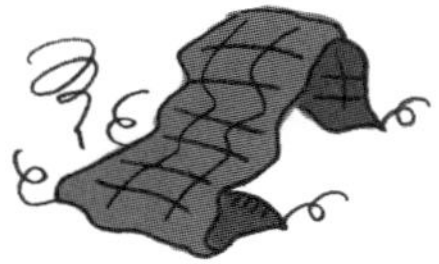

**タオル** ゴワつきが気になったら。肌トラブルの原因になりかねません。
**コスメ** 1シーズン。開封した瞬間から劣化が始まります。
**コスメの試供品** 1ヶ月以内に次の旅行の予定がなければ、いますぐ使って。

コラム

## ☑ キッチン

**食器** 欠けたり、色素沈着したら。もらいものは1年以上使っていなければ処分。

**密閉容器** フタがきっちりしまらなくなったら密閉できません。

**菜箸** 先がこげたら。

**まな板** 色素沈着したら。衛生的にも不安です。

**フッ素樹脂加工のフライパン**
フッ素樹脂の部分がはげたら。効果は失われています。

**食材** 賞味期限が切れたら。その前に「食材処分デー」を設けて食べましょう。

## ☑ その他

**実用書、雑誌** 1ヶ月半〜半年。その頃には、もっと新しい情報が出ています。

**紙袋** 大中小それぞれ2〜3枚あれば十分。それ以上の数になったら処分を。

**傘** 家族の人数＋予備2本。それ以上増えたら困っている人に差しあげましょう。

鬼速ビフォーアフター写真館

# グチャグチャの寝室がスッキリ爽快！

Aさん（20代女性）

鬼速片づけで
大成功した
みなさんの家を
紹介！

Part 2

# 片づけのエンタメ化で、ストレスフリーな毎日を

## モノが少なければ、収納なんて鬼簡単

**鬼速片づけのあとに待っている人生。それは、片づけなくていい人生です。**
**正確に言えば、二度と、片づけのことを考えなくてすむ暮らし。**
「片づけなければ」と負担に思ったり、「片づけなさい」と家族に言わなくていい。
「あれ、どこいった?」と探したり、「また買っちゃった」と後悔もしなくなる。
「人に見られたらどうしよう」という恐怖ともサヨナラです。

ここで、お尋ねします。
今朝の歯みがき、どれくらい張り切ってやりましたか?
歯医者さんに行ったばかりの方は別ですが、たいてい、なんとなく歯ブラシを取

り、歯みがき粉をつけて、シャカシャカみがいて……という感じだったのでは？
寝起きのボーッとした頭でも、酔っ払ってフラフラ帰宅した夜中でも、ヤル気を出さなくても、無意識でできてしまいます。

冒頭で述べた**「片づけのことを考えなくていい暮らし」とは、片づけが歯みがきレベルになることです。**

つまり、ＰＡＲＴ１の大片づけを終えたのち、日々の小片づけは暮らしのなかで最小のタスクになるのです。まるで、歯みがきや着替えのように。
「よし。ゴールデンウイークになったら着替えるぞ」と気合いを入れる人はいません。同じように片づけも、出かける前や、お風呂のお湯を入れている間に、チャチャッとすませられるレベルになります。

使うときにサッと出して、終わったらパッと戻す。少しもめんどうなことではありません。１秒かかりません。
ところが、探したり、しゃがんだり、背伸びしたり、ギュウギュウに詰めたり、あちこち行ったり来たり、「どこに戻そう」と考えるから時間がかかるし、おっくうになる。それで、とりあえず適当に置くから、またグチャグチャになる。

モノが少なければ、そんなことにはなりません。
棚にポン、ポンとモノがあるだけなら、サッと出してパッと戻せます。

かといって、みんながミニマリストのような暮らしができるかというと、そうではありません。禅僧のように暮らすか、マリー・アントワネットのように暮らしたいかは、それぞれの好みで決めればいいことです。
そして、それぞれの家のスペース⇔必要なモノの量、ラクをしたい気持ち⇔モノへの愛着・所有欲など、バランスを取りながら、自分が心地いいと感じる数にモノをしぼればいいのです。

**残したモノを、いかに使いやすい状態にしておくか。それが、収納です。**
モノが少なければそれだけ簡単だし、やることも少なくてすみます。

Tシャツ3枚ならたたまなくてすみますが、同じ引き出しに30枚入れようとしたらたたんだほうがコンパクトになるし、探しやすくなります。

だから、ここから先は、「ちょっとモノが多めかも」という方のための情報です。これも「鬼速」で、最短の時間と最小限の労力で、最大の効果を狙いましょう。

大事なことは3つだけです。

**1、モノの場所を決める**
**2、すべて見えるようにしておく**
**3、スペースに対して8~9割しか入れない**

生きている限り、モノを出して使って、という行為は一生続きます。一日に何回、出したりしまったりを繰り返すでしょう。合計すると何分でしょう。その時間を節約する。イライラをなくす。めんどうじゃないことにする。それだけで人生のパフォーマンスが飛躍的に伸びること、間違いなしです。

# モノには必ず部屋を与える

当たり前のことですが、モノにはそれぞれ役目があります。
何かしら役に立つために、あなたと暮らしています。
その仕事場の近くに、モノの部屋をつくりましょう。
職場に最短で行ける部屋。職住近接《しょくじゅうきんせつ》。モノにとってはこれがベストです。

キッチンで仕事をする執事と、ベランダで仕事をする執事は、部屋を分けます。
アイロン担当と掃除担当が、同居する必要はまったくありません。
スーツとスポーツウェアが部屋をシェアすると、めんどうが起こります。

## 同じタイミングで一緒に使うモノを、使う場所の近くに置く。

掃除道具だからといって、全員を同室にしなくてもいいのです。

お風呂掃除担当は、お風呂の近くに。

窓拭き担当は、窓の近くに。

リビングのじゅうたんをコロコロするなら、カーペットクリーナーはリビングに部屋を与えてあげる。

そうすれば、道具をサッと取り、ちょっと使って、パッと戻せばいいだけ。片づけどころか掃除の負担も激減します。


そして、なるべく少ない点呼《てんこ》で集合できること。

一度に使うモノは、セットにしておくと楽チン。アイロンをかけるなら、そのタイミングで「おおーっ！」と全員集合が理想です。

「あれ、霧吹きさん、どこに行っちゃった？」「アイロンくんを呼んでこなくちゃ」となると、アイロンがけの前に疲れてしまいます。

食器も、お皿、茶碗、お椀とアイテム別に分けるより、和食の皿と茶碗&お椀、洋食の皿とサラダボウル、など一緒に使うグループでまとめるのはどうでしょう。

生活動線というと難しそうですが、要は、「どこで」「いつ」「誰が」「何を」するためのモノか。それによって、モノの通勤距離を短くするように置き場所を決めればいいだけです。

すると、自然に動きのなかで、出したり戻したりが勝手にできるようになります。

そして、「どのくらいの頻度《ひんど》で使うか」によって、登場の多い順に特等席にします。特等席とは、自然に手の届く場所。かがんだり、背伸びしたり、をしないところ。しかも、手前、最前列。引き出しをちょっと開けたり、扉を少し開ければ、取り出せる位置です。

大前提として、モノに与える部屋は賃貸住宅です。終《つい》の住処《すみか》ではありません。しばらく暮らしてみてイマイチだと思ったら、どんどん部屋を変えましょう。

私もモノには永住権を与えず、頻繁《ひんぱん》に引っ越しさせています。どこに何を置くかは、正解がありません。

雑誌やブログ、インスタグラムに、いろいろなお手本が出ています。自分に合いそうなものを試してみて、ラクで使いやすいと思った方法を採用すればいいと思います。

**大事なことは、部屋をあてがうこと。すべてのモノに、帰る場所があることです。**

帰る場所が決まっていないから、モノが散らかるのです。

使っているモノが出ているのは当然。それが多少ワサッとしていたって構いません。

でも、仕事が終わったら、いったん部屋に帰っていただく。そうすれば、汚部屋になることは絶対にないのです。

# 部屋には必ず表札をつける

モノの部屋を決めたら、勝手な不法侵入は許しません。

パジャマの引き出しに空間があるからといって、靴下を侵入させてはいけません。

それをしなければ、二度とグチャグチャにならないし、探しモノにムダな時間を費やさなくてすみます。


**そのための秘密兵器が、ラベル。**

**たとえば、引き出しに、「靴下」「パジャマ」「パンツ」などと書いたラベルを貼っておきます。いわばモノの表札、ネームプレートです。**

貼ったりはがせたりするラベルが市販されています。

シールやマスキングテープでもいいです。

とにかく、モノが引っ越しできるように、気軽に貼り替えられるようにしてください。


人間の記憶力はかなり曖昧《あいまい》で、せっかく部屋割りを決めても、「あれ？　靴下、どっちだっけ？」となりがちです。

急いでいるときや疲れているときなど、「とりあえず」と、適当な場所にモノを突っこみたくなります。


靴下の引き出しがパンパンで、パジャマの引き出しに余裕があったりすると、「ま、いいか」と、境界線を越えたくなります。

でも「パジャマ」とはっきり書いてあると、「いけない。ここはパジャマさんの部屋だった」と抑制がきくのです。

たかが5センチくらいのラベルが、ピーッと警報を鳴らしてくれます。それが不法侵入を防止します。

家族がいるなら、なおさらです。せっかく部屋割りを決めても、みんなに浸透させるのはなかなか大変。

でも、「お兄ちゃんのパジャマ」とはっきり書いておけば、「あれ、どこにある?」と、いちいち聞かれることもありません。

「もー、ここに靴下入れないで」なんて、小言を言う代わりに、ラベルがピーッと警報を鳴らしてくれます。これでケンカの原因がひとつ減ります。

そのためにも、はっきり、具体的に、誰にでもわかるように書きましょう。

「衣類1」「衣類2」なんていうのはダメです。

小さいお子さんのためには、絵や写真にしてもいいと思います。

1歳くらいから、ちゃんと好きなオモチャを取り出せますし、決まったところに戻すことができます。

ラベルを貼ると生活感が出そうで抵抗のある方は、絶対とは言いません。でも、ものすごくラクになるし、リバウンド防止にも役立ちます。見えないところで試してみてはいかがでしょう。

ラベル自体をイケメンにする、という手もあります。

テプラを使うとか。私は「ミドリカンパニー」のラベルプレートを愛用しています。

**ラベルを貼る意義は、いちいち考える必要がなくなることです。**
**決まっている、見ればわかる、というのは、すごくラクなこと。**

片づけごときに思考力を割《さ》くのはもったいないです。

トップアスリートが毎日同じ朝ごはんを食べたり、優秀な経営者がいつも同じ服を着ていたりするのも、余計なことに脳みそを使わないためです。

考えなくても無意識にできる。

それが、歯みがきレベルです。

小さなラベルがものすごい威力を発揮してくれます。

# モノたち全員の顔が見えるようにする

表札のついた部屋。

ドアを開けたら、住んでいるモノ全員の顔が見えなければいけません。

棚や引き出しのなかに誰が入っているのかが一目瞭然で見えるように、入れ方を工夫します。見えないモノがあってはいけません。

**見えないモノは、ないのと同じ。持っていることを忘れて、結局使うことはありません。**

**使わないモノは、持っていないのと同じ。ぜんぶ出しで残した意味がありません。**

しかも、あなたはその持っていないと同じ状態のモノをお金で買いました。さら

に、いまも家賃というランニングコストをかけています。

使わないともったいないです。そのためには、見えていることがポイントです。

そもそも、すべて見えていれば、探しモノ、なくしモノをしたくたってできません。

いつも見ていれば、自然に何があるかを記憶しています。

すべての服を覚えていれば、コーディネートしやすい靴を買えます。

「新しいノートはあそこにある」とわかっていれば、二度買いはしません。

「シャンプーの詰め替え、ストックがある」とわかっていれば、ムダ買いはしません。

逆に「なくなりそう」ということも事前にわかるので、あわてることがありません。

**何を持っているか、記憶が曖昧《あいまい》だから、モノを買いすぎてしまうのです。**

部屋が満室になったら、それ以上は住まわせない。部屋の大きさを変えてまで、どんどん住人を増やしてはいけません。

それを許すと、またゾンビが発生してしまいます。

# 部屋の定員は9割までに

魔法？　と思うくらい、モノが使いやすく、毎日をラクする方法があります。

それは、決めたスペースの8～9割しかモノを入れないこと。


愛するモノたちをギュウギュウの部屋に押しこんではいけません。

本棚に少しの余裕があれば、スッと出してパッと戻せます。

棚にお皿を重ねても、上にこぶしひとつの空間があれば、片手でラクに出せます。

クローゼットのハンガーポールに8割程度しか服をかけなければ、お店でシャッシャッと服を選ぶ、あの快感が毎日味わえます。シワにもならず、選びやすさは抜群です。

納戸《なんど》や押し入れも、スペースいっぱいに詰めこめないようにします。扉以外の壁にコの字型にモノを置く。すると中央に空間ができます。そのおかげでモノは出し入れしやすくなり、すべてのモノが見渡せるようになります。

## スキマは心や人生にも大事です。スキマがあるから、いいモノが入ってくるのです。

レセプター（受容体）という言葉を知っていますか？　医学の世界でいう「穴」のようなもので、いろいろなものをキャッチします。コーチングの世界ではレセプターを開けると、自分が受けとりたいと決めた情報が入ってきやすくなる、といいます。これは引き寄せの正体のように考えられています。

新しい恋人が欲しいなら、昔の恋人のモノを捨てて空間を空けましょう。すると、レセプターが開いて、今まで見えていなかった人が見えたり、すてきなところを発見できたりします。そうやって新しい恋が始まるのです。

でも、前の彼のモノで空間がギュウギュウに埋まっているうちは、新しいレセプターは開かないでしょう。だからなかなか新しいモノが入ってこないのです。

# 収納に時間やお金をかけるなんてナンセンス

ぜんぶ出しをしてモノを減らした。
すべてのモノの場所を決めた。
これで片づけは終了です。
あとは、この状態をキープすればいいだけ。
それもポイントは2つしかないのですが、続きは次の章で述べたいと思います。
「えー、もうおしまい!?」。そんな声が聞こえてきそうですね。
でも、私は「片づけのノウハウ」は、これくらい知っていれば十分だと思っています。

私自身、これでちゃんと暮らせていますし、子どもが4人になり、仕事も忙しくさせてもらっていますが、リバウンドして部屋が汚くなることはありません。

**収納という行為自体にあまり意味はありません。見た目が美しい収納や、写真映えする収納は、趣味の世界です。好きな人がやればいい。**

みんなに関係することは、片づけたあとに得られる効果です。

スッキリした快適な部屋。効率よくストレスのない暮らし。探しモノや家事のめんどうから解放されること。

スッキリした人生。ポジティブな気持ち。好きなこと、大事なことを楽しむ毎日。

それは、PART1の大片づけを終えた時点で、ほぼ実現しています。

さらにモノの場所を決めたことで、もっとはっきりと体感できるようになりました。

そもそも、むやみに収納用品にお金をかけすぎることすら、インテリアに特別興味がなければもったいないです。

収納は成長します。

暮らす人の成長や変化によって、収納も変化します。

そのときどきに応じて、より使いやすいように、モノたちを引っ越しさせたほうがいいと思っています。

だから収納用品もフレキシブルに使えるものや気軽に見直せる価格帯がいいのです。

**でも、形と大きさは、ぜひ揃えてください。**

そのほうが、重ねやすく、スペースに収まりがいいからです。形や大きさがまちまちだと、崩れやすく、倒れたりつぶれたりして、イライラの原因になります。

揃っていると、スッキリきれいに見えて、視覚的なストレスもありません。

ハンガーも統一すると、それだけでクローゼットが見違えるようになります。

**私は、食器棚や本棚、洋服ダンスのように用途が固定されているものではなく、どの部屋に置いて何を入れても使える収納家具を愛用しています。**

たとえば、無印良品のスタッキングシェルフ。背板がないタイプです。そのままオープン棚として使えるし、カゴを入れれば引き出しのようにもなります。子どもが小さいときはオモチャ入れ、大きくなったら勉強道具やランドセル入れに。同じ棚が寝室にもあり、そこには趣味の道具や書類を入れています。

なんといっても、1つの棚が約30センチ四方で大きすぎず、モノの部屋割りがしやすいのがメリットです。

同様に、衣装ケースを買うのなら、浅めの引き出しが便利です。深さ20センチ前後のものなら、服はもちろん、小物や雑貨も入れやすく、これもいろいろな用途にフレキシブルに使えます。

# 鬼速でおもしろおかしく片づけよう

片づけられなかった私が、いまでは収納スタイリストとして仕事をさせてもらっていますが、いまだに片づけに時間を使うのは好きではありません。

**いかに、やらないですませるか、時間や労力も最小限にするか、ということを考え続けてきました。**その結果が、鬼速片づけです。

片づけはつまらない。当然の気持ちだと思います。

ぜんぶ出しと部屋割りまでは、やはり一定の時間がかかります。

だから、どうせやるなら、楽しみながらやってほしいと思っています。苦行みたいに悲壮感を漂わせながらではなく、少しでもおもしろおかしく。

たとえば、好きなことと掛け算するのはどうでしょう。
お客さんの家でも、「どうぞ、お好きな音楽をかけてください」と提案します。シーンとしたなかでやるより楽しいからです。

**ゾンビとかイケメンとか、部屋割りとか、擬人化するのもそのためです。少しでもエンターテインメント化したいのと、それに、人にたとえると納得できる方が多いのです。**

子どもなら「よーい、ドン」で競争しながら、ガチンコ勝負したりします。大人もタイマーで時間を計るとちょっと楽しくなります。「よし、目標より3秒早いぞ」なんて言っているうちに、だんだん気持ちがノッてきます。

ポイントカード形式もおすすめです。家の間取り図を描いて、終わったところに色を塗っていきます。

スゴロクもおもしろいです。「キッチンのシンク下」「リビングの本棚」など、やりたいところを順番に書いておき、終わったら色を塗ります。

「寝室」などとザックリ書くとなかなかコマが進まないので、「ベッドの下」「押し入れの上段・右」など分割して書くのがコツです。ゴールしたときのご褒美も考えておきましょう。


カレンダーやダイアリーに好きなシールを貼っても、張り合いが出ます。

1個でも何かを捨てたらシールを貼ります。

捨てた数に応じて方眼を塗りつぶしていくのも、けっこう達成感があります。


ちょっとしたことですけど、成果が見えることが大切なのです。

はじめは片づけの成果が目に見えづらいので、真面目な方は「こんなにがんばったのに、何も変わってない」と思ってしまうかもしれません。

でも、ゼロじゃないです。１００点ではないかもしれませんが、確実に進んで

います。

その変化が見えづらいなら、別のツールで「見える化」すればいいのです。

ついでに言っておくと、そもそも100点を目指さなくていいのです。

**片づけのゴールは、「自分がこれでいい」と思えるところでOKです。途中で目標を下方修正することもダメなことじゃないです。**

むしろ、完璧なんて最初から目指さないほうがいい。

「やろうかな」と心にスイッチが入ったときに、「これくらいでいいか」と思える程度までやったら、自分に合格をあげてください。

家族に対してもです。

やっているうちにツボがわかってきて、どんどん上手に、どんどん手早くなってきます。そして、「だんだん片づけ自体がおもしろくなってきた」と言ってくれる方も多いです。だから、無理せず、でもちょっとずつ続けていきましょう。

アイテム別

# 出し入れ鬼速！収納ワザ

出す、戻す。ほんのちょっと収納を工夫するだけで、
毎日のアクションがスムーズに激変します。

## クローゼット、くつ箱

- 掛けられる服はハンガー掛け。
それ以外の服だけ引き出しケースに入れるとラク。
- マワハンガーのような薄いハンガーで統一すると、
かなりの省スペースに。
- 引き出しケースにはたたんだモノを立てて収納。
手前によく使う服を並べる。
- 引き出しケースの前にスキマがあっても、
何も置かない。
- 自立しないバッグは、中に小さめのバッグを
2、3個入れると立てる。
- 靴は1足ずつ、かかととつま先の向きを変えて入れる。
これで1足、余計に置ける。

## キッチン

- 上にこぶしひとつ以上のスキマを空けると取り出しやすい。
- 違う種類の食器を重ねるのは2セットまで。重ねすぎると出し入れに余計な手間が。
- 食器はアイテム別だけでなく使用頻度別も。ふだん使いを手の届きやすい特等席に置く。
- 和の「茶碗、お椀」、洋の「皿、ボウル」、子ども用などグループ別にすると便利。
- 同じグラスやカップは縦一列に並べる。手前のモノをよける必要がなくなる。
- 鍋のフタは裏返して、取っ手側を鍋の内側に入れると、重ねられる。
- 油やしょうゆ、みりんなど調味料は約10センチ幅のファイルボックスなどにまとめる。

## その他

- DMや請求書は置き場所不要。バッグに入れて持ち歩き、出かけたついでに処理。
- スマホ、カメラなどの付属品は、機種ごとにファスナーつきビニール袋へ。
- 子どもの作品は、子どもに持たせて写真に撮る。子どもがOKしたら作品自体は処分。

鬼速ビフォーアフター写真館

# 押し入れが使いやすくなりました！

Hさん（40代女性）

鬼速片づけで
大成功した
みなさんの家を
紹介！

Before

After

Part 3

# 二度と部屋にモノが増えない鬼速式管理メソッド

# どんなにズボラでも、部屋が汚くなることは二度とない

PART1の大片づけで、8割完了！

そして、PART2ですべてのモノの場所が決まったら、もう、片づけについて考えることはありません。

**使ったモノを、決めた場所に戻せばいいだけです。**

**1秒かかりません。**

**1分かかるようなら、モノの置き場所を要検討です。**

これまでも、モノを取ったり、置いたり、という動作自体は数秒だったと思います。

でも、その数秒のために、探したり、どかしたり、押さえたり、あちこち行ったり来たりして、1分、3分、10分……と、時間をムダにしていたのではないですか？

私自身、片づけられなかった時代は、いつもバタバタしていました。ものすごく忙しくて、がんばっているつもりなのに、たいした成果は出ていませんでした。

いま思えば、忙しいと思っていた3～4割がムダな時間だったことがわかります。

それは、片づけに限ったことではありません。自分の「軸」がなかったから、余計なことを迷っていたり、ぐるぐる同じことを考えていただけでした。

**鬼速片づけ後は、部屋も人生もスッキリ！**
**そのぶん、大事なことに時間と気持ちを注げます。**

忙しいときや疲れたときは、モノを出しっぱなしにすることだってあるでしょう。

でも、大丈夫。多少たまっても、戻すだけだから、たいした時間はかかりません。

「これくらいの量だから……」と計算できるから、たいした敵に見えなくなります。

プレッシャーは皆無です。

寝落ちしそうなら、翌日やればいいのです。週末にまとめてやっても、そんなに時間はかかりません。


**片づけはがんばるものではありません。**

**ふつうの人が、ふつうに実践できる方法でないと意味がないと思うのです。**

むしろ、どん底のコンディションの日も維持できないと、正しい収納とは言えない気がします。


モノとのつき合いは一生続きます。出したり戻したりは毎日のことです。

でも、人間にはバイオリズムがあります。体調もメンタルも、いいとき、悪いときが必ずあります。女性なら、1ヶ月の間にアップダウンのサイクルもあるでしょう。

その、落ちているときに基準を合わせるべきなのです。

そうしないと、結局、続かないし、いずれ崩れてしまいます。

環境もビジネスも「持続可能」が世のキーワードになっていますが、生活も同じ。無理しないで、ふつうにできる、無意識に続けられるのが一番です。

私も片づけ始めた当初は、結構、がんばっていました。でも、忙しくなると、まためちゃくちゃに散らかって、もとの状態に戻ってしまう。その繰り返しでした。同じようにお客様のお宅でも試行錯誤して、この鬼速片づけにたどりついたのです。あるときを境に、「片づけなきゃ」とまったく考えない自分がいました。その方法を本書でお伝えしたいと思ったのです。

「片づけなきゃ」「きれいにしなくちゃ」「うちは汚い」と、みなさん異口同音《いくどうおん》に言います。

それが思考のどこかにずっとつきまとって、集中力を発揮できなかったり、後ろめたさや罪悪感、自己嫌悪にまでつながったりします。

**モノを減らして、すべてのモノの置き場所を決める。**
**それだけで、あなたの心は解放されます。**

## ひとり増えたら、ひとり引退だけがルール

リバウンド、つまり、もとの状態に戻らないポイントは単純。
使ったら戻す。増やさない。
これだけです。

**買ったり、もらったりしたら、同じ数だけ捨てるか、あげる。**
**1個増えたら、1個引退させる。**
**押し出し式です。このサイクルをキープする限り、リバウンドするほうが難しい。**

撮影のためにわざと汚い部屋をつくることがあります。どうすると思いますか？

その部屋の適正量を超えるモノを買ってきます。

いくら予算がかかると思いますか？　軽く30万〜50万円です。

撮影のためにはイッキに買いこみますが、普通の暮らしなら1〜2年間で購入する量でしょうか。その間、モノを減らさなければ、部屋は散らかります。


ぜんぶ出しをしてみて、自分の暮らしに適正なモノの量を知りました。

それ以上ためこんでも使わないことがわかりました。

使わないモノは持っていないのと同じなので、適正量以上のモノを持ってもメリットはないのです。

それどころか、増えたぶん空間が圧迫されて、出したり戻したりがおっくうになります。そして、いつかまた、大片づけをしなければならなくなります。


私は、新しい靴を買いに行くときには、引退させたい靴をはいて出かけます。

古い靴はお店で処分していただき、新しい靴をはいて帰ります。

「おつかれさま」と言って別れます。それを引退の儀式にしています。

# 買ってくるのは「超優秀なイケメン」だけ

靴を買いに行ったのに、そのまま古い靴をはいて帰ることもあります。超優秀なイケメン、有望なスター選手に出会えなかったときです。「おっ、今日もぎりぎりセーフだった」「よし、もうちょっとがんばるか」と言いながら、引退を免《まぬが》れた選手が家に帰ってきます。うちには働かないイケメンは入れないことにしているので、安易な出会いには飛びつきたくないのです。

ぜんぶ出しをして、家に残したモノには、それだけの理由があります。聞かれれば、ひとつひとつお気に入りポイントをはっきり答えられます。

まるで芸能プロダクションのマネージャーです。「歌唱力はピカイチ」「泣かせる演技をさせたら誰にも負けない」と、全員の強みを知っています。「なんとなく」ではオーディションに合格させられません。

スポーツの監督や、会社のオーナーも同じです。自分が惚れ込んだ最高の人材で、最強のチームをつくりあげます。

そのひとりに戦力外通告をしてでもスカウトしたいルーキーは、そう簡単には見つけられません。

**いまいる選手を上回る働きをする、本当に優秀な即戦力だけを採用するようにしましょう。**

**モノだって慎重に採用しないと、すぐに働くのを辞めてしまいます。**

その場しのぎで買ったモノは、サイズが合わなかったり、使いづらかったりして、あまり出番のないまま処分するのが関の山です。

# 二度とムダ遣いがなくなって、お金が貯まる

**鬼速片づけをすると、お金が貯まります。**


ムダな物欲がなくなるからです。

超優秀なイケメンを知るとモノを見る目が肥《こ》えるので、ガマンや節約ではなく、むやみやたらに欲しい気持ちがわいてこないのです。

だから、衝動買いもなく、失敗もありません。


すべてのモノが見える状態になっていると、買いどきもわかります。

食品、洗剤、文房具、靴でもなんでも、何を買い足す必要があるか、まだ買わな

くていいか、正しく把握できます。

食品のように賞味期限などがあるモノも、期限内にちゃんと使いきれるのでムダがありません。

**ボックス1つ、引き出し1つ、棚1段……と、すべてのモノの場所を決めました。それが快適に機能することがわかると、そこからあふれるモノは自然に買いたくなくなります。**

そもそも、なくしモノをしないので、ムダ買いがなくなります。

小学生時代から片づけが苦手だった私は、なくしモノばかりしていました。学校の朝礼で使う歌集は同じモノを3回も買いました。親に悪いことをした、と心から反省しています。

保留ボックスに入れたモノ、処分した膨大なモノも、モノの買い方について教えてくれます。

買ったものの、さほど使わなかったモノ。好きだったのに、忘れていたモノ。半殺しのまま年老いた執事の山、みじめな姿をさらす元イケメン。こつこつとお金と時間を使ってゾンビを増やしていたわけです。いったい総額いくら払っていたでしょう?

その現実を目で見て、胸を痛め、「もったいない」と断腸の思いで処分した。その経験が、モノの買い方を変えてくれるのです。

「お得」の言葉に目がくらむ。衝動買いする。ストレスがたまると買いたくなる。たくさんストックがないと不安。コレクション癖《へき》、所有欲、見栄……。ムダ買いのクセを自覚したら、もう同じ過ちは繰り返しません。

原因がわかれば、正しく体質改善できます。

本来の役割を果たせず、不本意な別れだったかもしれませんが、処分したモノたちは生涯、あなたの役に立ってくれます。

セールだからという理由でモノを買うことは、もうないでしょう。

すでに服を30枚持っていれば、セールで買った服の出番は月に一度以下になるで

しょう。

半額で3000円になっていたとしても、夏の間に3回しか着なかったら、1回1000円です。そう考えると安くもお得でもありません。

鬼速片づけは、いらないモノを捨てるのに役立つだけではありません。本当に大事なモノを見極めて、好きなモノから残していきます。だから、どんなにモノが減っても、後悔やストレス、欠乏感がないのです。だから、欲がわきません。

**スッキリと快適な暮らしに慣れると、二度とムダなモノを増やしたくなくなります。**

もっと価値のあることに、上手にお金を使えるようになるのです。

ヤバイ！
物欲が
湧いてきた

# 買おうかな？と迷ったら

“お得”の表示に目がくらんでつい買いたくなったら、
ちょっと立ち止まって自問自答してみましょう。

「どうして欲しいの？」

「同じ理由で買ったモノ、ちゃんと使えてる？」

「いつ使うの？」

「1ヶ月以内に使う予定が決まっている？」

「同じようなモノ、持っていない？」

「何かで代用できない？」

「何年くらい使えそう？」

「その間に何回使う？」

「1回使用するのにいくらになる？」

「捨てにくくない？」

「ゴミ回収にお金はかからない？」

## アイテム別

☑ **服**

いつ、どこで、誰と、何をするための服？
同じ目的の服は持ってない？

☑ **コスメ**

肌に合う？　自分に似合う？
試さずに買って使い切れなかった経験は？

☑ **食品**

冷蔵品なら1週間以内に食べきれる？
常温、冷凍品なら1ヶ月以内に食べきれる？

☑ **食器**

いつ、誰が使うの？
すでに持っているモノとかぶってない？

☑ **トイレットペーパー**

残り2ロールあるのなら、次の特売日に！

☑ **ティッシュ**

残り1箱あるのなら、次の特売日に！

☑ **洗剤**

残り4分の1以上あるのなら、次の特売日に！

☑ **食品や洗剤類の大容量サイズ**

決めたスペースに入る？　期限内に使いきれる？

☑ **CD、DVD**

ダウンロード版じゃダメ？　レンタルは？

## 番外編

☑ **割り箸、スプーン、ストロー**

コンビニやスーパーでもらわない。

☑ **化粧品のサンプル**

すぐに使わないならもらわない。

鬼速ビフォーアフター写真館

# 床にモノがなくなると気持ちいい！

Nさん（20代女性）

鬼速片づけで
大成功した
みなさんの家を
紹介！

Before

After

Part 4

# 片づけも人生も、「ポジティブなあきらめ」で成功する

# 鬼速片づけで、時間とお金、心のゆとりが生まれる

鬼速片づけは、大片づけを超高速化します。

そして、日々の細々《こまごま》とした片づけもすばやく、スキマ時間ですませられます。

ラクで無理がないから、リバウンドしません。

だから、二度と片づけのストレスに悩まされません。

リバウンドしてはまた片づける。使わないのに買い続ける。探しモノ、なくしモノでムダ遣いする……その負のスパイラルから抜け出せます。

片づけなきゃというプレッシャー、イライラ、めんどうな気持ちや負担感。そんな心の重荷もスッキリなくなります。

それによって生まれる時間とお金、心のゆとり。思考力や体力を、もっと大事なこと、好きなこと、がんばりたいことに使えるようになります。

**1日5分、探しモノに費やす人と、1日5分、夢に向かって努力する人。数年後に、どれだけ差がつくでしょう?**

週に1時間、片づけに追われる人と、週に1時間、子どもと思いっきり遊ぶ人。人生をふりかえったとき、思い出の量も質もまるで違うと思いませんか?

禅僧のようにすべてが修行というのなら別ですが、そういう目的がないのなら、片づけなんかに煩《わずら》わされず、日々を過ごしてほしいと、私は心から願っています。

そもそも、片づけができないとダメだ、と誰が決めたのか、と言いたいです。

義務教育で習ったわけではないのだから、やり方を知らないのも当然です。

たいていの方は、それで大変な思いをしているか、いっさいあきらめて片づけを放棄しているか、どちらかのようです。

そのこと自体が、とてももったいないと思うのです。

時間をかけず、ラクに、がんばらなくてもできるコツさえ知ってしまえば、片づけごときに悩まされることはありません。

そのコツが、本書でまとめた内容です。


いま使っているモノだけに、なるべく整理すること。

すべてのモノの場所を決めて、見やすく収納すること。

使ったら戻す。増やさない。これで永遠に、きれいなまま循環します。


最初は一瞬、考えるかもしれません。

スポーツでも、車の運転でも、英会話でも、なんでもそうですが、繰り返しやっていると無意識にできるようになります。

**第一段階、やり方を知らない（片づけられない）**
**第二段階、やり方は知っている（本書を読んだ）**
**第三段階、できる（鬼速片づけをやってみた）**

## 第四段階、無意識にできる（自然にいつも片づいている）

多くの片づけ方法は、第三段階をゴールにしている気がします。
でも、本書の片づけは、第四段階にいきつくための方法です。
しかも、鬼速で！

飛行機も離陸してシートベルトのサインが消えるまではちょっと緊張しますが、そのあとは、空中にいることをつい忘れてしまいます。
最初は本を見ながらやってみてください。最初はぎこちなく思えても、しばらく続けてみてください。すると知らない間に体が勝手に動くようになります。

もう、片づけのことに頭も時間も使わない。
片づけのことを考えなくていい人生です。

# 決断力と行動力がアップし、人生がうまく回り始める

ぜんぶ出しして、残すか、捨てるか、保留にするか。

それを決める5秒間に、私たちは人生のことまで考えている。と言ったら、「そりゃまた、大げさな」と笑われるでしょうか。

でも、ある意味、これは本当です。

混沌《こんとん》としていたモノは、ひとつの明確なコンセプトで取捨選択《しゅしゃせんたく》されました。

いまの自分の価値観という「軸」です。

いま必要なモノ。いま大事にしたいこと。

理想の暮らし。好み。心を満たすモノ、こと。

過去として決別できるモノ、こと。

自分がどうありたいか。どう生きたいか……。


大片づけが終わったあとのスッキリ感は、視覚的な面も絶大ですが、人生の棚卸《たなおろ》しを終えたという爽快感も大きいものです。


**選ぶ力。取捨選択する力。決断力。**

**その力があるかないかは、とても大きな違いを生みます。人生を構成するあらゆるものごとは、ぜんぶ自分の取捨選択の結果だからです。**


正しい決断ができるかどうかは、先天的な能力ではなく、選ぶ基準がはっきりしているかどうか、それだけの違いです。

だから、基準さえ明確になれば、誰にとっても、どんなことも、決断はいままよりずっと容易になります。

モノに対して下した決断は、そのつど、自分に必要なものを選びとるレッスンになりました。

いくつモノを捨てましたか？

その数だけ、あなたは決断力を鍛えることができました。

価値観がはっきりしました。

片づけをやればやるだけ選択のスピードが加速して、どんどんはかどったと思います。同じように、人生の決断もよりクリアに、的確にできるようになっています。

**決断してしまえば、あとは行動するだけです。**

**自分の軸に従った行動をしていれば、必ず納得いく方向に進めます。**

自分で決めた、自分でいいと思うことをするのは楽しいので、無理やガマンもなく、どんどんやりたくなります。

動くぶんだけ成果は出るし、失敗しても、それがたくさんのことを教えてくれて、次につながります。そうやって人生が回り始めます。

片づけられない部屋で、うつ病まで患い、一歩も進めなかった私も、部屋の片づけをきっかけに人生が好転しました。

仕事が見つかり、いい人間関係に恵まれて、結婚して子どももできて、毎日楽しくポジティブに暮らせるようになりました。

「片づけには、何かある。でも、その〝何か〟って、なんだろう?」

ずっと考えていたのですが、それが決断力であることを、片づけを終えて晴れ晴れとするお客さまを見ながら、確信するようになりました。


**他人軸ではなく、自分軸で生きる。**

**これほど幸福を感じる生き方はないと思います。**


社会的な評価にしがみつかず、自分らしく、自由に人生を選択する。それができるのは、自分の価値観を知っている人です。

保留ボックスと正々堂々と向き合ったあなたにも、確実にその力は備わってきてます。

# 「ポジティブなあきらめ」が人の器を大きくする

**意外に思うかもしれませんが、片づけられない人は、性格がルーズというより、完璧主義なのだと思います。**

何を隠そう、私自身がそうでした。

オール・オア・ナッシングで、白か黒かつけたがる。完璧じゃない自分が嫌いで、60点が嫌なので、だったら0点でいい、と開き直ってしまうのです。

「片づけるなら、今日よりもっと最適な日があるんじゃないか」

「家中片づける時間がないから、今日はやらない」

「また、この辺が散らかってきた。もー、やっぱり片づけなんて意味がない」

心理学者のバリー・シュワルツ氏によると、人間には完璧主義者のマキシマイザー（最大化人間）と、ある程度で満足できるサティスファイザー（満足人間）の2タイプがあるのだそうです。

サティスファイザーは、こう考えます。

「思い立ったが吉日！　とりあえず、ちょっと片づけてみようか」

「30分も片づけたぞ。よしよし、気になっていた書類の山がだいぶ減った」

「ちょっとモノが出ているけど、ま、いいか。鬼速片づけ、効果あるな」

**60点でも、30分でも、何もやらないのとは雲泥《うんでい》の差です。**

30分あれば、洗面所のぜんぶ出しと部屋割りができてしまうほどです。

気が向いた日の5分でも、とりあえず少しずつでもやっていけば、片づけなんてそのうち終わります。

そもそも、60点くらい片づいていれば、結構、快適です。

超オシャレ、超きれいじゃなくても、十分、居心地のいい部屋です。

**潔く、完璧を目指すことをあきらめたほうがてっとり早いのです。**
**それを、「ポジティブなあきらめ」と呼んでいます。**

どうせ最初から完璧にできる人なんていません。

でも、完璧にできないからといって始めなければ、いつまでも終わりは来ないし、何も変わりません。

「ここまでできたら最高だけれど、そこまでできなくてもよしとしよう」と、ポジティブな方向にあきらめるのが、片づけではすごく大事です。

ハードルを下げましょう！

私も最初は、がんばってきれいに収納することを目指していました。

でも、妊娠を機に、「よりラクできる片づけ」にシフトしました。

「保留」もアリだし、「探しモノをしなけりゃいい」と思うことにしました。

あきらめる、というと、挫折《ざせつ》とか敗北のように感じるかもしれませんが、「自分はこういう性格だから、これでよしとしよう」と、自分を甘やかしてあげるのも大

切なのです。「これでいいじゃん、大丈夫」という、自己肯定です。

それが「自分を受け入れる」ということなのかな、と思います。

**欠点やマイナスな部分を受け入れる。「それでいいよ」と認めてあげる。すると、生きるのがとってもラクになります。**


私も「ポジティブなあきらめ」を、あらゆる場面で自分に言い聞かせています。

自分に完璧を求めないと、人に対しても大らかでいられます。

自分に甘くなれると、人に対して優しい気持ちになれます。

自分を受け入れると、人のことも許せるようになります。

100点じゃなくても、ほんのちょっぴりでも、素直に認めてあげられます。


1日目、2日目ときれいな状態が続いて、3日目に散らかったとしてもよしとしよう。2日間できた、エライと自分をほめよう。

**自分を肯定することのほうが、完璧な片づけより、はるかに大事です。**

# 「○○でなければならない」から自分を解放しよう

暮らしのなかで「やらねばならないこと」。じつは、そんなにないのだと思います。むしろ、「つまらないこと、嫌いなことを、やらないためにはどうしたらいい？」と考えていくと、片づけが楽しくなります。

**服をたたむのがめんどうなら、たたまないですませる方法はないでしょうか？**

洗濯した服をハンガーにかけて干す。乾いたら、そのままクローゼットに入れる。そのために、服をすべてハンガーにかけられる量に減らせばいいのです。

出かける前にハンカチを取りに行くのがめんどうなら、玄関に置き場をつくる。「服をしまって」と家族に言うのが嫌なら、リビングに壁掛けフックをつけてみる。

自分にとって嫌なこと、めんどうなことは、暮らしのムダにほかなりません。そ

れを片づけが解消してくれます。

「なくてはならないモノ」も、思っているより多くはないことに気づきます。そもそも、モノをためこむ裏にあるのは、不安という心理です。モノに頼らないと安心できない。永遠に「まだ足りないかも」「もっといいモノがあるかも」「この世のベストを探さなくちゃ」と不安感が続きます。

お料理が苦手な人ほど、お料理の便利グッズをたくさん持っています。掃除が苦手な人ほど、掃除グッズを買いたがります。つまり、武装です。

私もモノを、自分を守る砦《とりで》のように築いていた時期があるから、わかります。でも、「なくてはならない」と思っていたモノを保留ボックスに入れても、なんの問題もなく暮らせることを知ると、だんだん安心できるようになります。オシャレな人ほどいつも同じような服を着ています。それは、自信があるからです。

**モノが少なくなるにつれて、大切なモノはちゃんとあるとわかり、人生の不安が減り、自分に自信が芽生えます。**

## モノと向き合うと自分を好きになれる

「片づけよう」を突きつめていくと、最終的には「自分をちゃんと大切にしよう」なのだと思うのです。

**モノや思い出を整理して大切にすることと、自分を認めて、自分を大切にすることはつながっている気がします。**

モノと向き合うと、自分の好みがわかります。なぜ手に入れたかったか、どこに価値を見いだしたのか、なぜお金まで払って家に招き入れたのか……。選択の傾向が見えてきます。

そして、漠然と家のなかにあったものが、白だったり、黒だったり、一部グレー

だったりと区別され、いろいろ解決できると、人生のモヤモヤも整理されてきます。人間関係、仕事、すべてのものごとを自分がいままでどう選んできたのか、これからどう選んでいきたいのか。

取捨選択した結果を意識的に見るようになると、選んだモノやこと、そして、自分自身のことをもっと大切にしようと思うようになります。

私はこれを使うと決めた。私が使うこれを大切にする。ムダ遣いしていない自分。思いどおりに自分をコントロールして暮らしている自分。自分が主導権を握って、ちゃんと主人公でいることを実感できます。

使わないとわかっているモノを捨てられない。

冷静に考えれば、ちょっとおかしなことです。モノへのこだわりと、愛着、愛情を結びつけて、ちょっと論点がずれてしまっているのだと思います。でも、その渦《か》中《ちゅう》にいる本人には、それが見えません。

部屋の片づけをすることは、そこに目を向けることです。変なフックにかかってしまっている気持ちを一度外して、正しくかけ直すことなのです。

モノと自分は鏡写しです。
なぜ買ったの？　なぜ家にいるの？　問いかけるとちゃんと答えてくれます。
向こうも聞いてきます。これからどうしたいの？　そろそろ、ケリつけない？
そのキャッチボールが大事だと思うのです。

**本当は自分と上手に対話できればいいのですが、それはなかなか難しい。だから、モノを通して、その跳ね返りで対話するのが、自分の軸をつくるのに一番早い。軸ができれば、迷うことが少なくなる。**

自分で自分をこういう人間だと受け入れられるようになります。自分を認めて、自分にＯＫを出せるようになります。すると、自分のことが好きになります。

昔の私は片づけられないというだけで、自分って最悪、最低、どこか欠けているのかもしれないと、自己否定してばかりいました。
でもそれは、完璧主義の自分が「完璧じゃないならゼロでいい」とネガティブな方向にあきらめていただけで、やってみたら、まぁ、なんとかできることがわかり

ました。それが小さな自信になったのだと思います。

だんだん、「これくらいできればいいじゃん」と自分を受容できるようになって、最終的には「まぁ、欠けていたっていいよね」と、自己肯定感が芽生えてきました。


そうやって自分のことを好きになれると、人にも優しくなれます。

「自分はこうだから」ということがわかると、人のことも「そうだよね」「その選択もアリだよね」と思えてきます。だから、人間関係がギスギスしません。

結局は、人なのです。人が仕事も運んでくれるし、愛も、幸せも運んでくれます。

モノは人生を教えてくれますが、モノとだけ生きていても楽しくありません。


究極のガチンコ勝負をしてみましょう。無人島にひとつしか持っていけないとしたら、何を選ぶ？

私の答えは、人です。

無人島なんてつまらなそうですが、人がいたら、ちょっと楽しくなりそうじゃないですか。

# みんなで鬼速！
# 家族のゆるルール＆トーク

「片づけて！」と言う代わりに、家族それぞれが
自分で楽しく片づけられるように、こんなルールやトークを
試してみてはどうでしょう？

## 子どもに

- 「片づけようね」ではなく、「オモチャ箱に戻そうね」「本棚に戻そうね」と**具体的に**。
- 1個でもいい。子どもが片づけたら、「すごい！　ちゃんと戻せたね」と、**すかさずほめる**。
- 「よーいドンで、オモチャを戻す競争しよう」と、**遊びにする**のもいい。
- 「サンタさんが来ても、新しいオモチャが入らないね」と**クリスマスは適正量を覚えてもらう**チャンスに。
- 「減らそうか」「捨ててもいいのは？」では子どもが不安になるから、「**好きなのはどれ？**」と聞く。
- **5歳以上になったら本人なりの片づけ方**を尊重してあげる。
- 「違う」ではなく、「それでいい？」と**質問形式にして、自分で考えさせる**と効果的。
- **親が片づけない**。手伝うときも、「急いでいるからママがやるね」と説明してからとりかかること。

## 夫、妻に

- 「捨てていい?」ではなく、
  「**これどうしよう?**」と聞こう。
- 思い出の品は「なんで捨てないの?」ではなく、
  **大切にしているストーリー**を語ってもらおう。
- 「へー、そんなレアものなんだ」
  「そういうところがいいんだね」。

  **処分の相談はそのあと!**
- 脱ぎっぱ、置きっぱの場所にカゴを置き、
  「カゴに入れてくれればいいよ」と**折り合いをつける**。
- 服について、子どもに「似合わない」「ピチピチ」など、
  **忌憚のない意見**を言ってもらおう。

## みんなに共通

- 狭くても**自分専用スペース**をつくる。
  すると、自然に自己管理ができるように。
- 「思い出ボックス」はひとり1箱。
  生きた年数とは関係なく**平等に!**
- リビングにひとり1箱「**なんでもボックス**」を置く。
  その中身は各自の自由にしてOK。
- **ルールはみんなで決める**。
  それぞれが出した提案をちゃんと採用する。
- 本人に無許可で勝手にどかしたり
  捨てたりしない。どんな幼い子どもでも。

鬼速ビフォーアフター写真館

# もう洗面台の下をゴミ箱にしない！

Sさん（30代女性）

鬼速片づけで
大成功した
みなさんの家を
紹介！

Before

After

Part 5

# 体験談　暮らしも人生も「鬼速」で変わりました！

体験談

# 「時間に追われる感じがなくなり、大事なことに集中できる」

Tさん（保育園経営。夫、1歳の娘と3人暮らし。1LDK）

我が家は収納が少ないので、モノがぜんぶ出しっぱなしの状態でした。産後すぐに仕事に復帰して、初めての育児で時間がなく、心の余裕もない。娘のオモチャや衣服、自営業なので仕事関係の書類やファイル、結婚式で使ったパーティーグッズまで。それらがわさっと、いくつもの山になっていました。

「いつか時間ができたら片づけよう」と思っていたのですが、「いつか」はなかなかやってこず……一念発起して、一日だけ吉川さんに来てもらいました。

最初に、リビングや寝室などあちこちに分散していたモノを出していきました。棚の奥、納戸のなかまでぜんぶ出して、娘関係、私の仕事道具や書類などグループ

に分けていきます。
次に、「これ、使う?」「使わない?」「迷ってる?」と、それぞれ3つに分けました。出しっぱなしの山だけを整理すると思っていたので、「棚や納戸のモノまで!?」とびっくりしたのですが、吉川さんは言いました。

「使っていないモノはないのと同じ」

使っているモノが散らかるのは仕方ない。それは〝活躍しているモノ〟だから。でも、棚の奥や納戸に入っているモノはたいてい使っていないモノ。それらを処分すれば、毎日使っている必要なモノの置き場所が確保できる。貴重な収納スペースを〝活躍しているモノの部屋〟に変えよう。そうすれば、いま出しっぱなしの山がスッキリするから、と。目からウロコでした。

もうひとつ、吉川さんが言ってくれた言葉があります。

「自分が心地よければ、それでいい」

家に仕事場がないので、子どもを寝かしつけたあと、ダイニングテーブルでパソコンを広げます。そこで、「寝室にある棚をダイニングに移動して書類を入れては？」と提案してくれました。

「ダイニングに書類置き場なんてカッコ悪いかな」と思っていたのですが、「サッと取り出せてパッと戻せればラク。そうすれば山にはならない」とも。

そんな風に「家のどこで、何をするか」に合わせて、その近くにモノの置き場所をつくっていきました。

たった一日の片づけでしたが、家中の山が消えました。それから2年たちますが、もう山にはなりません。

ダイニングテーブルの上は多少散らかりますが、それくらいなら食事前にチョチョッと戻せば片づきます。

「たくさん時間ができたらやろう」と思っていた片づけでしたが、じつはスキマ時

間に終わってしまうことでした。

置き場所が決まっているから、何も考えずポンと戻すだけ。それで自然ときれいな状態が保てます。なんといっても、そこにストレスを感じなくてすむのがありがたい。

「これ、どこに置こう」

小さなことですが、かつての私は無意識に一日何百回も考えていたのだと思います。

「えーっと」と手が止まる瞬間。あれほどのムダはなかった、といまはわかります。

使う場所の近くにモノがある。おかげで家事も育児も仕事もはかどります。

めんどうだな、という気持ちも起きません。

相変わらずやらなければならないことはたくさんありますが、不思議と追いかけられている感じがなくなりました。

出産後、忘れかけていた心の余裕。ゆったりできる時間と空間。

そのおかげで家族のことを思いやれるし、仕事にも集中できるようになりました。

体験談

# 「家族への怒りが生まれない。子育てのイライラを感じない」

Fさん（フルタイム勤務。夫、幼稚園児・小学生の子どもと4人暮らし。2DK）

「子どもが生まれるのに、ゴミ屋敷で育てる？　やばい！」

それが吉川さんに片づけをお願いした理由です。

学生時代から暮らしていた部屋は、昔、使っていたモノがそのままでした。壊れたプリンター、バンドの機材、先輩から預かったモノ（粗大ゴミ）……。グチャグチャの状態で結婚生活をスタートして、さらに私も夫も新しいモノをどんどん買って、2DKしかない家の一室が物置き場と化していました。

吉川さんが来る前に「使っていないモノは捨てておいてください」と言われ、「このままでは子どもを産めない」という危機感があったので、トラック2台分、捨て

ました。

やっと床が見えるようになって、数年ぶりに掃除機をかけたのを覚えています。

「これで片づけ終了!」と満足したのですが、それでも吉川さんは来ると言います。

その日は夫にも家にいてもらいました。それで残したモノを一緒に「使う」「使わない」「保留」の3つに分けたのです。

使わないモノは捨てたはずなのに……私たちの手がとまると、吉川さんが言います。


「基準は、いま!」


過去でも未来(いつか)でもなく、いま、使っているかどうか。

すると、使うと思って残したモノが、さらにグッと減ります。

保留にしたモノも数日後に見直して、「もういいか」と処分できたモノが大半でした。

だけど、思い出ボックスは残しました。

学生時代からの家なので、使っていなくても思い入れのあるモノは結構あります。だから、私と主人の思い出の品を、それぞれ1箱ずつ残すことにしたのです。

「思い出ボックスは、お互いに干渉しない」

吉川さんのアドバイスです。このルールがなければ、相手の箱を覗いて「これはいらないんじゃない？」「まだ取っておくの？」と言い合い、ケンカになったと思います。本や服、日用品などは用途別に大まかに分け、「夫」「私」「共用」とスペースを決めて、収めました。

「どこに何をしまうか」

これは、私たち夫婦が結婚以来、初めて決めた暮らしのルールでした。

きちんとした家の人には笑われるかもしれませんが、そんなこと、考えたこともなかったのです。

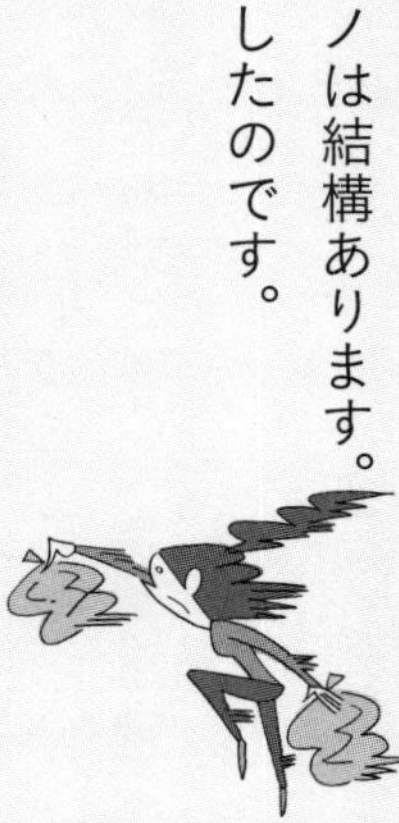

これをきっかけに、無法地帯だった我が家に、ゆるい秩序が生まれました。

その延長で、すべての家事・育児についてふたりで考える、そして「どちらが何をするか」とゆるやかに決めるクセがつきました。

おかげで夫は自然にイクメンになり、なにごともふたりで助け合っています。


子どもが増え、生活は慌ただしくなりましたが、かつての汚部屋にはなりません。

逆に、ちょっと部屋が荒れてくると、「疲れているのかな」と、夫婦でお互いの心を測るバロメーターになっています。

ということは、以前の私たちは、どんなに心が乱れていたことか……。

あの状態で子どもを産んでいたら、自分のせいで家が汚いのに、子どものせいにしてムダな怒りが発生していたと思います。

「危ないから触らないで!」「グチャグチャにして、もう!!」と、ガミガミ小言ばかりの母親。「たまには手伝ってよ」と夫に八つ当たりする妻。そんな嫌な自分になっていたかもしれないなんてオソロシイ。

家族でニコニコ、大らかにしていられる。私にとってこれ以上の幸せはありません。

体験談

# 「後ろめたさが消え、裏表のない人間になれた気がする」

Nさん（トレーニングジム経営。夫、中学生の子どもと4人暮らし。2LDK）

私はもともと片づけるのが好きではないので、リビングにモノを置かないようにしていました。

一見、すごく整理されているようですが、そのぶんクローゼットや納戸になんでもかんでも突っ込んでいたのです。扉を開けると雪崩《なだれ》が起きるくらい悲惨な状態でした。

それでずっと暮らしてきたし、「そういうもの？」くらいに思い、困っていたわけではなかったのですが、たまたま吉川さんが私の経営するジムに来てくださいました。

いつ会ってもサバサバして、いい意味で自信を持っている感じが伝わってきて、

とても魅力を感じます。お仕事の話をうかがって「なるほどな」と思いました。「家中どこを開けられてもきれいな状態なら、裏表のない、まっすぐな人間になれるんだろうな」と。

私は違います。友だちが来て「きれいにしてるね」と言われても、クローゼットを横目で見ながら「あの中グッチャグチャだけどね」と、やましさがあります。

吉川さんの晴れやかな心境をちょっと味わってみたくなり、片づけを教わりました。

まず、納戸に入っているものをリビングにぜんぶ出しました。その量といったら！「どうやって入っていたの？」と我ながらビックリでした。

掃除機やアイロンなど普段使うものの裏に、ハロウィンやクリスマスの飾りがある。あとはもう、ビニール傘が30本とか、わけのわからないモノだらけ。

それをひとつひとつ「使う」「使わない」「保留」の山に分けていきました。

15畳の広いリビングが埋まるくらいの量でしたが、数時間で完了。

そのうち半分くらい捨てましたが、捨てて後悔しているモノはひとつもありません。

なぜなら、ギュウギュウに詰めこんで、何年も使っていなかったモノだからです。それを捨てたって別に困りはしない。考えてみれば当然です。

さて、残したモノを戻そうとしたら、吉川さんからひとこと。

「納戸はコの字型に使うといいですよ」

スペースがあるだけ入れてもいいと思っていたのですが、違いました。中央に空間を空けておくのです。すると、どこに何があるかが見渡せます。

うちは夫が掃除をしてくれるのですが、翌日から「掃除機が取りやすくなった」「掃除がラクになった」と、すごく喜んでいます。

クリスマスやハロウィンも、飾りを出したりしまったりがめんどうだったので何年もしていなかったのですが、そういう家族のイベントも復活しました。

もう、どの扉を開けられても恥ずかしくありません。

これが快感になり、キッチンと洗面所に着手することにしました。捨てる気満々ではりきっていたら、逆に吉川さんに止められました。

「お玉はもうひとつ、残したほうがいいですよ」

毎日どんな料理をつくるかを聞かれ、「カレーと、スープと……」と答えたら、「それなら同時にお玉を2つ使いますよね」と。スープをつくらない家ならお玉は1つでいいけれど、たしかに、我が家は2つ必要です。

やみくもに減らすのではなく、暮らしに合わせてモノの量を決めていく。だから、ごっそり処分しても、ムリやストレスがないのだと思います。

最近、引っ越しましたが、引っ越し荷物のなかに、いらないモノがひとつもなかったことに我ながら感動しました。引っ越し代もかなり違ったと思います。

収納はコツを知れば本当に簡単。

前の家と同じようにモノを納めて、晴れ晴れとした気持ちで暮らしています。

体験談

# 「家族が自分で片づけるようになり、家事の負担が減った」

Mさん（秘書。夫と小学生の子どもと５人暮らし＋犬と猫。２ＬＤＫ）

夫も私も服が好きで、クローゼットの中はギュウギュウ状態。

「何か、やり方はあるのだろうな」と思いながら、片づけは家事の中でも優先順位が低く、ごまかしごまかしでやっていました。

「詰めるのが上手ですね」と吉川さんに言われて一瞬、ほめられたのかな？　と思ったのですが、続く言葉に衝撃を受けました。

「下のほうに何が入っているか、覚えていますか？」

図星でした。

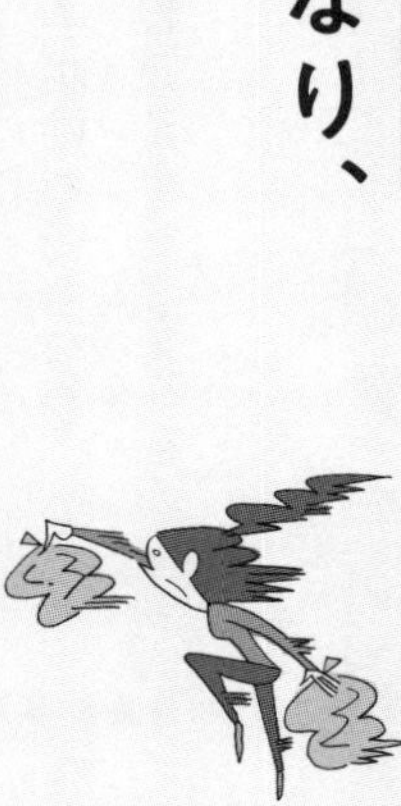

大好きな服なのに、どんどん増えては突っ込んで、地層のようになっていました。下のほうの服はほとんど覚えていないし、取り出す気にもなれず、結局、着ていません。

追い討ちをかけるように、もうひとこと。

「お子さんたち、自分で出せますか？」

子どもの服は親が出して、しまうものだと思っていました。

「子どもは1歳から片づけられますよ」

1歳半の小さな子どもにも「同じところに戻す」ということを教えられるそうなのです。たしかに、3歳にもなれば「これを着たい」と自分で選びたがります。

親の役目は、出しやすく、戻しやすい環境をつくること。

その環境とは、「ギュウギュウに詰めない」状態です。たくさん重ねず、積み上げず、サッと取れてパッと戻せる。そして、きちんとたたまなくても入る量にする。

それで、子どもたちが全員いる日に吉川さんに来ていただきました。

それぞれの服を、いったんぜんぶ出します。

そして子どもたちに「着る」「着ない」を自分で選ばせました。

ダメだったのはむしろ私です。「保留」ばかりでした。数年前の水玉の服もとっておきたいし、サイズアウトしたスカートもまた着るかもしれない……。


「だったら、いま着てみません？」


ええっ!?　いま……??　躊躇《ちゅうちょ》する自分を直視して、やっと腹をくれました。

人前ですぐに堂々と着られない服を取っておいても仕方がない。

大好きな服を処分するのは心が痛みます。でも、何年も着ていない服、人前で着てもいいと思えない服は、たぶんもう着る機会はないのでしょう。

数時間後、「処分」のゴミ袋は軽く10袋はありました。

そして、子どもたちの背の高さに合わせて、それぞれ収納スペースを決めて、引き出しにラベルを貼りました。

これだけのことで、末の子も自分で出し入れできるようになりました。

吉川さんが子どもたちに服のたたみ方も教えてくれたので、それ以来「みんな、やるよ！」という私の号令で、クルクル、パパッと楽しそうにたたんでくれます。

服以外も、自分のモノは自分で出し入れし、自分で管理するようになりました。


どんな小さな子どもでも、自分のモノを選ぶ権利はある。

たとえ家族でも「ここは自分だけのスペース」と、好きに使える境界線は必要。

それが自由や自立心につながります。

自分のモノを大事にすることを覚えると、人のモノも大事に扱うようになります。

それは人の価値観や意思を尊重することだと、肌感覚で覚えていくようです。

子どもたちの様子を眺めながら、日々そんなことを感じています。

体験談

# 「過去への執着を手放し、再び生活に潤いが戻った」

Sさん（日本語教師。保育園児の子どもとふたり暮らし＋猫２匹。３ＬＤＫ）

「行政執行レベルのゴミ屋敷です」

吉川さんにそう連絡し、一世一代の賭けのつもりで、家中を片づけることにしました。

家を買って引っ越す直前、夫を病気で失いました。

病院のこと、お葬式のこと、バタバタしている間に親戚が家の荷物をぜんぶ詰めて引っ越しを進めてくれ、とりあえず新居に入ったものの、どこに何があるのか、さっぱりわからない状態でした。

越して2年たっても引っ越しの箱はそのまま。その上にふきだまりのようにモノが重なり、液体はこぼれ、猫の餌も散乱し放題。割れたガラスもそのままでした。

でも、布団一枚敷けるスペースがあれば親子で暮らせます。最低限の暮らしの動線がケモノ道のようにできていました。

片づけに悩んでいた、というより、悩みにすら気づいていませんでした。

ところが、だんだん子どもが大きくなって、友だちの家を行き来するようになったとき、友だちに言っているのを聞いてしまったのです。

「うちは汚いから、おばあちゃんちで遊ぼう」と。

それでハッとして、吉川さんに連絡したのです。

自分で呼んでおきながら失礼な話ですが、「今日はここを片づけましょう」と言われても「ウソだ」と思いました。「片づくわけ、ないでしょ」と。

でも、吉川さんは隣に立ち、ひとつひとつ聞いてくれました。

「これ、どうします？　使います？」

結果、家にあった95パーセントくらいのモノを捨てたでしょうか。

空間ができた家に帰ってきた息子が「何、これ!?」と叫びました。

「踊れる！」と、はしゃぎまわりながら、「ママがんばったね」とほめてくれました。

翌朝は「保育園に迎えにこなくていいから片づけといて」なんて生意気を言って。

妹にも言われます。

「やればできるじゃん。あのままセルフネグレクトの道を突っ走ると思ったよ」と。


キッチンを使えるようになって、自分が料理好きだったことを思い出しました。

リバウンドはまったくしていません。捨てて困ったモノもありません。

二度とモノを増やしたくない、とは思いませんが、なぜか増えません。

片づけを通して、所有や執着、手放すことへの感覚が変わりました。

あんなにあった家のモノは「執着があるから取っておく」というより、「どうでもいいから捨てなかった」だけなのだと思います。


「スッキリした空間に、思い出を大切にするコーナーをつくれますね」

何度目かの片づけの途中で吉川さんが言ってくれました。

でも、私自身は正直「もういいかな」という心境なのです。誤解を恐れずに言うと、夫の仏壇もいらないかな、と。仏壇というモノがあろうとなかろうと、思い出には何も影響はないのだから。

あるとき、夫の写真が入ったスマホをダメにしてしまいました。もう本人に会えないのに写真まで失われてしまった……。

でも、ショックを抜けたら案外、平気になりました。写真は消えても過去は消えません。彼がいたことは変わらない。私が覚えていれば大丈夫。そう思えたのです。

「どうでもいいから、そのまま放置していた」

それは、モノのことではなく、私自身のことでした。自分のことを後まわしにして、見て見ぬふりをしていたのです。

でも、息子は生きているし、息子と一緒にこれから生きていかなきゃいけない。

片づけの初日に「人生やり直したい」と言った私に、吉川さんが言ってくれました。

「わかった。一緒にやろう。絶対、人生変わるから、やりましょう！」

# あとがき

150万円のロレックスの時計、3年ぶりに発見！

片づけのお手伝いにうかがうと、「えっ！　ずっと探していたのに、こんなところにあったんだ」というような、事件解決現場に多々遭遇します。

ゾンビ化している家の災《わざわ》い……。不要なモノが多いと大事な宝物が埋もれてしまいます。

同様に、長年ためこんだモノが積もり積もると、さまざまな感情がうごめき、心が千々に乱れ、自分を見失ってしまいます。

片づけは、そんな自分のなかから宝物を再発見して、そっと取り出すような行為だと思っています。

片づけられなかった私が、なぜ片づけを仕事にするようになったのか。

じつは最初にライターとして仕事した雑誌社で、片づけ特集の担当に任命されたのがきっかけでした。「片づけられなかった人がやるからおもしろいんじゃん！」と励まされて。

そこからいろいろ勉強して、体当たりで一生懸命やってきました。


片づけノウハウに関しては尊敬すべき先人が大勢いらっしゃいますが、その方たちが知らないことを、私は知っています。

片づけられない人の気持ちと、行動パターンです。

そんな私にしかできないこと、伝えられないことがあると信じて、今日までやってきました。


最小の労力、最短の時間で、片づけを終えられる。

二度と、もとに戻らず、片づけに悩まされない。

それが本書にまとめた内容です。
世間の整理収納アドバイザーがあえて口にしないくらい簡単で、本来なら一冊の本にならないくらいシンプルな方法です。

一般の片づけ本にはこの次の段階、きちんと収納したり、きれいに見せるテクニックが書かれていますが、それは、すでにふつうに片づけられる人が読んでためになる情報だと思います。

ヤル気があるときならできるかもしれません。毎日、片づけに時間を使って、全力投球すれば維持できるかもしれません。

でも、そこまでしなくても、快適な部屋と暮らしを得る方法はあります。

鬼速片づけ。

家のなかをスッキリさせたいな（なるべく手間なく）。そんな人は、ぜひやってみてほしいと思います。

ちょっと気分転換したいな。そんなときにもおすすめです。

家族となんとなく、ゴタゴタしている。

仕事、恋愛、人づきあい、就活、婚活が、うまくいかない。

人生につまずいちゃった……。いまこそ試してみるチャンスです。


そんなときに片づけなんて時間のムダと思うかもしれませんが、急がば回れ。具体的に打つ手が思い浮かばないのであれば、片づけでもしてみませんか。

セミナーやセラピーに行くより、気軽で、お金がかからず、短時間でできます。

しかも効果がメキメキと、目に見えて実感できます。


人生、うまくいかない時期もあるものです。そんなときこそ片づけという成功体験を重ねて、生き方を変えてみるのはどうですか？


きっかけはいろいろだと思います。

なんでもいいのでスイッチが入ったら、ぜひ試していただけると嬉しいです。

本書を手にしてくださり、本当にありがとうございました。
みなさまの心地いい暮らしと幸せな人生を応援しています。
いつも応援してくれる読者やお客さま。
そして支えてくれる家族に感謝を込めて。

なかなか捨てられない人のための

# 鬼速片づけ

発行日　2018年10月29日　第1刷
発行日　2019年 2 月12日　第3刷

著者　吉川永里子

本書プロジェクトチーム
編集統括　柿内尚文
編集担当　小林英史、堀田孝之
編集協力　深谷恵美、寺口雅彦
編集協力／撮影　森モーリー鷹博
デザイン　細山田光宣＋藤井保奈（細山田デザイン事務所）
イラスト　タカセマサヒロ
校正　植嶋朝子
DTP　伏田光宏（F's factory）
営業統括　丸山敏生
営業担当　池田孝一郎
営業　増尾友裕、熊切絵理、石井耕平、大原桂子、矢部愛、綱脇愛、川西花苗、寺内未来子、櫻井恵子、吉村寿美子、矢橋寛子、遠藤真知子、森田真紀、大村かおり、高垣真美、高垣知子、柏原由美、菊山清佳
プロモーション　山田美恵、浦野稚加、林屋成一郎

編集　舘瑞恵、栗田亘、村上芳子、大住兼正、菊地貴広、千田真由、生越こずえ
講演・マネジメント事業　斎藤和佳、高間裕子、志水公美
メディア開発　池田剛、中山景、中村悟志、小野結理
マネジメント　坂下毅
発行人　高橋克佳

発行所　株式会社アスコム

〒105-0003
東京都港区西新橋2-23-1　3東洋海事ビル
編集部　TEL：03-5425-6627
営業部　TEL：03-5425-6626　FAX：03-5425-6770

印刷・製本　中央精版印刷株式会社


Printed in Japan ISBN 978-4-7762-1015-3

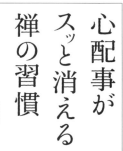

登録するだけ!

# 購入者全員にプレゼント!

「なかなか捨てられない人のための
**鬼速片づけ**」
の電子版が
スマホ、タブレットなどで見れます!

本書をご購入いただいた方は、もれなく
本書の電子版をスマホ、タブレット、パソコンで読めます。

---

## アクセス方法はこちら!

⇩

下記のQRコード、もしくは下記のアドレスからアクセスし、会員登録の上、案内されたパスワードを所定の欄に入力してください。
アクセスしたサイトでパスワードが認証されますと、電子版を読むことができます。

**https://ascom-inc.com/b/10153**

---

※通信環境や機種によってアクセスに時間がかかる、もしくはアクセスできない場合がございます。
※接続の際の通信費はお客様のご負担となります。